자유민주주의 시리즈1

보수와 진보의 이념대립, 승자는
- 대통령 탄핵을 중심으로-

"국가의 가치(worth of a State)는 결국 국가를 구성하는 개인들의 가치(worth of individuals)이다. 국가가 개인들의 정신적 성장과 발전(mental expansion and elevation)을 중히 여기기보다 자신의 행정편의나 기능적 효율을 우선한다면, 그리고 시민들에게 혜택을 주기 위한 목적에서라도, 시민들을 국가의 손에서 말 잘 듣는 도구가 될 수 있도록 하고자 개인들을 왜소하게 만든다면, 그런 왜소해진 사람들로서는 위대한 일을 성취할 수 없을 것이고, 국가가 모든 것을 희생시켜 자신의 작동방식을 완벽하게 한 것이, 실은 국가라는 기계가 부드럽게 작동하는데 필요한 핵심적 힘(vital power)을 떨쳐버리는 것을 선택했기 때문에, 결국은 아무 소용이 없게 될 것이다."
- John Stuart Mill, 『'자유론'(On Liberty)』

머리말 》》》

이념 대립이 갑갑해서 책을 내게 되었다. 미 성숙한 내용이 많지만 현명한 독자들은 나의 취지를 이해해 줄 것으로 믿는다.

보수우파와 진보좌파 이념 대립이 심하고, 더구나 40대는 진보좌파 일색이다. 진영논리가 강하여 무엇이 fact인가 따지지 않고 누가 주장하는가에 좌우되는 경향이 있다. 대통령의 계엄선포와 탄핵사태도 이념 대립의 산물이다. 비상계엄의 극단적 조치를 한 것은 납득하기 어렵지만, 이를 내란이라며 대중선동으로 탄핵 인용과 조기 대선으로 몰아가는 더불어민주당은 더 문제이다.

우리 사회의 좌우 대립은 역사가 오래다. 일제시대로 거슬러 올라간다. 그런데 우리 헌법은 자유민주주의에 기초하고 있다. 따라서 대한민국은 보수우파가 중심이 되는 것이 맞다. 최근 이재명 대표는 민주당이 중도보수라고 말한다. 실제 정책변화와 걸맞는 정치행위가 없다면 단지 표만 의식한 것이리라.

대통령이 탄핵(파면)되고 이재명이 대통령이 되면 더불어민주당이 국회뿐 아니라 행정부까지 장악해 나라가 온통 진보좌파 일색이 된다. 이미 헌법재판소도 우리법연구회 출신의 좌파 재판관들이 커다란 영향력을 발휘하고 있다. 헌법상 위험 상황이다.

진보좌파의 본색은 자본주의 타도이다. 사회주의를 향하고 있다. 개인의 자유보다 공동체와 국가의 권력 확대이다. 시장경제보다 계획경제를 선호한다. 오늘날 평등, 복지, 상생, 공정, 민생, 통일, 청년, 진보 등 온갖 좋은 단어를 다 선점하고 있지만, 진보좌파 이념의 본색을 경계해야 한다. 조국 전 법무부장관이 장관직 청문회에서 자신이 사회주의자라고 말한 것을 기억해야 한다. 자유와 자유민주주의라는 헌법적 가치가 존중되어야 한다. 그것이 헌법의 정신이다.

목 차 ⟩⟩⟩

1. 보수/진보 이념 대립과 헌법의 기준 --------------1
    가. 머리말 1
    나. 자유민주주의의 의미 15
        (1) 국가의 목적으로서 자유와 인권 보장 15
        (2) 법치주의 23
        (3) 권력분립주의 29
        (4) 자본주의 시장경제 48

2. 진보좌파 이념에서 자유의 실종 문제 --------------56

3. 윤 대통령 탄핵 사건에서 이념 갈등 문제 ---------72
    가. 비상계엄 선포 이유 72
    나. 비상계엄 선포의 사법심사 및 내란죄 해당 여부 74
    다. 대통령 체포의 문제점 79
    라. 헌법재판소의 탄핵심리상 문제점 81
    마. 법위반의 '중대성' 문제 85

4. 박근혜 대통령 탄핵사건 --------------------- 101
    가. 헌법재판소가 인정한 사실 101
    나. 탄핵결정의 정당성 102
    다. 탄핵의 사회적 원인: 지도자의 '사익 추구' 115

5. 결론 --119

1. 보수/진보 이념 대립과 헌법의 기준

가. 머리말

우리 사회에서 보수(우파)와 진보(좌파)의 대립이 심해졌다. 오늘날 이념 대립이 무슨 필요가 있느냐. 좌든 우든 국민을 잘 살게 하면 그만이지 하는 의견도 있으나, 잘 살게 하는 방법에 대한 관점의 대립이 정치이념의 차이이다. 근본적인 2가지 시각의 차이점, 즉, 개인의 자유가 가장 중요하고 국가의 역할은 개인의 자유를 침해하지 않는 내용으로 이루어져야 한다는 관점과, 개인의 자유, 특히 기업경영의 자유나 재산권은 제약되어야 하며 개인보다 공동체의 평등한 삶이 더 중요하고 국가가 적극적 개입을 해야 한다는 관점이 대립한다. 전자는 자본주의, 자유주의, 자유민주주의적 관점이고, 후자는 사회주의, 공동체주의, 인민민주주의적 관점이라 할 수 있다.

오늘날 전자와 후자는 서로 수렴되어 수정된 자본주의(사회적 시장경제)와 수정된 사회주의가 되었으나, 여전히 서로는 대립 관계에 있다. 애초에 진보좌파의 뿌리인 사회주의는 자본주의 타도를 위해서 등장하였던 DNA가 있다. 양자의 가장 큰 차이는 자유가 우선이냐, 시장경제가 우선이냐, 아니면 평등이 우선이냐, 정부의 경제개입(계획경제)이 우선이냐의 차이라 할 수 있다.

후자에 속하던 동독이 1990년 전자에 속하는 서독에 흡수통일되고, 1991년 소련(소비에트 연방)이 붕괴되어 사회주의는 종언을 고하는 듯 되었지만, 자본주의를 일부 수용한 중국과 러시아가 경제대국이 되어 세계적 영향력을 행사함으로써,

2 보수와 진보의 이념 대립, 승자는

양 이념의 대립구도는 지속되고 있다. 2022년 시작된 러시아의 우크라이나 침략전쟁은 우크라이나를 지원하는 EU와 미국 자유진영이 우크라이나를 지원하고, 중국과 북한이 러시아를 지원하는 형태로, 실은 자유민주주의 진영과 사회주의 진영 간의 이념적 전쟁이 되고 있다.

소련의 사주로 김일성에 의해 공산화 되어 6.25 전쟁을 일으킨 북한은 오늘날에도 국경을 맞대고 있는 중국과 러시아와 동맹에 힘입어 전체주의 국가를 유지하면서 세습적 정치체제로 국민을 통제하면서, 대륙간 미사일과 핵개발, 국제적 해킹, 마약거래, 러우전쟁 참전으로 대한민국뿐 아니라 세계적인 위협이 되고 있다.

그런 남북 분단 환경에서 한국의 이념 대립에 종북, 친중 세력이 일찍부터 자리 잡았고, 이들은 민주노총과 전교조의 지지를 등에 업고 더불어민주당 등 제도권으로 진출하여 정치 세력화 되어, 사회주의적 이념과 정책을 서서히 강화하고 있다. 모든 국민에게 세금으로 25만원씩을 주겠다는 발상과 어떤 기업도 주 52시간 노동시한을 준수해야 한다는 발상, 사립학교 중고교 교원도 국가가 시험을 봐서 뽑은 사람 중에서 선택하라거나 사립대학의 등록금을 동결하라는 발상은 자유민주주의와 조화될 수 없다.

윤석열 대통령 탄핵사태도 그 본질은 양 진영의 이념적 대립이 원인이다. 윤 대통령의 비상계엄 선포 동기를 보면 명백하다. 자유민주주의를 수호하기 위한 것이라고 한다. 비상계엄은 국내외적으로 충격적이었지만 그 이유에 언급된 야당의 행정부 주요 공직자들에 대한 지속적인 탄핵소추로 인한 국정기능의 장애, 대통령 업무추진비를 비롯한 행정부 예산의 부당한 삭감, 종북 반국가 세력들의 현저한 존재는 부인할 수 없는 사실이다.

　2023년 5월, 민주노총 간부 등 4명은 북한과 연계된 간첩활동 혐의로 기소되어 2024년 11월 3명이 유죄판결을 받았다. 피고인들은 해외에서 북한 공작원을 직접 만났고 군사시설 정보 등을 수집하여 북한에 건네주었다. 북한의 지속적인 지령에 따라 총파업 등 다양한 사회적, 정치적 활동을 했다는 사실관계가 이에 포함되어 있다.

　문재인 정부 시기인 2020년 12월 국정원법 개정안이 통과돼 2024년 1월 1일부터 국정원의 대공수사권이 폐지되었다. 21대 국회의 경우 더불어민주당의 38%가 운동권 출신이었는데, 그 중에는 미문화원을 방화하고 점거해 농성했던 정청래, 박선원 의원 같은 친북 운동권도 포함되어 있다.

　과거 학생들의 민주화운동은 북한의 사주를 받은 친북 주사파들 혹은 맑스레닌주의에 기초한 사회주의 혁명사상의 깊은 영향에 놓여 있었다. 김대중 정부 들어서 학생운동의 지도자들 상당수가 제도권 정치에 진입하여 국회의원이 되었고, 이는 노무현 정부 때 숫자가 늘었으며, 문재인 정부에서는 대규모로 운동권 세력들이 정당정치에 진입하였다. 현재 진보·좌파의 경향은 정치계뿐 아니라, 노동계, 언론계, 문화계, 교육계, 법조계 등 다양한 사회 분야에 포진되어 있고, 환경과 생태운동, LGBT 옹호, 여성평등 등을 기치로 하여 일반 시민들이 진보좌파 이념에 포섭되어 있다. 그런데 그 이면에는 친북 주사파, 시장경제와 자본주의를 비판하는 사회주의적인 사고가 깔려있다고 보인다. 그들 핵심부는 "반미와 친북을 끌어들이려는 위험한 경향"이 있다(민경우, 『스파이 외전 -남조선 해방전쟁 프로젝트-』). 또 박원순 등 적지 않은 진보좌파의 지도자들은 부하 여성들을 성추행해 양성평등의 실현자로 자처하기도 어려웠다.

국회를 장악한 더불어민주당은 30차례의 정부 공직자 탄핵소추, 대통령과 검사의 업무활동비 등 정부 예산안 삭감, 자신들 말을 듣지 않는 대통령 권한대행들은 모두 탄핵하겠다는 협박, 카톡 검열, 언론기관 압박, 내란 선동을 막는다며 민주파출소 설치 등으로 전체주의적인 정치행태와 국민감시의 행태를 양산하고 있다. 마치 권력의 주체로 완장 찬 듯한 이런 무소불위의 행태에 많은 국민이 경각심을 가지고 민주당 행태를 지켜보고 있다. 온갖 지자체의 토착 권력비리를 저지르고 거짓말을 일삼는 이재명 대표의 수사와 재판을 방탄하기 위하여 더불어민주당 전체가 일사분란하게 자신의 정체성을 포기하고 개인비리 변호당으로 전락하였다. 이는 정당민주주의의 포기이자 국정이 '사유화'되는 위험성을 보여준다.

오늘날 많은 국민들이 무엇이 fact인지도 따지지 않고 같은 진영의 말이나 주장에 무조건 동의하면서 상대 진영을 적대시하는 것은 공동체의 위기 징후이다. 심지어 명백한 위법행위로 유죄판결을 받은 조국, 김경수, 송영길 등 진보좌파의 핵심 인물들은 법정을 나오면서도 '조작된 수사와 재판'을 외치는 실정이다. 이들에게 fact는 자신들의 이념과 지지자 앞에서 무용한가.

이념의 선택은 개인적 취향일 수 있지만, 헌법의 관점에서 볼 때 많은 국민, 특히 40대가 진보좌파 이념에 일방적 지지를 보내는 것[1]은 우려할 일이다. 헌법은 자유민주주의를 기

---

[1] 예를 들어, 최근의 여론조사(애브리리서치)를 보면(문화일보, 2025. 2. 25.자), 공직선거법 위반에 대한 이재명 더불어민주당 대표의 2심 판결 예상에서, 피선거권 상실형 선고 50.4%, 무죄선고 38.4%, 잘 모르겠다 11.3%로 응답했다. 연령별로는 40대

본으로 한 보수우파쪽 이념적 좌표가 중심에 있다. 이는 자유진영이 2차 세계대전 후 승리한 뒤, 대한민국이 자유민주주의를 수용하는 쪽으로 건국되었기 때문이며, 6.25 남침전쟁을 겪은 후 공산주의 세력의 위험성을 우리의 부모들이 피부로 느꼈기 때문이다. 많은 국민이 대한민국 헌법의 가치와 배치되는 쪽으로 간다면 입헌주의와 헌정질서의 위기가 초래될 수밖에 없다.[2]

진보좌파 이념은 우리 사회에서 약자의 보호, 양성평등, 복지 증대, 생태환경 같은 좋은 이미지로 포장되지만, 역사적으로 자본주의 시장경제의 파괴를 위한 것이었다. 문제는 사회주의자들은 이념을 앞세워 법치주의를 무시하는 경향을 항상 지니고 있다는 것이다. 그들이 민주화운동을 할 때 우리나라의 법과 검찰은 타도의 대상이었다. 그 멘탈리티가 자신들이 집권층이 되어서도 여전하며, 피해자 의식을 갖고 있다. 그것이 검찰과 안기부의 수사권 억제로 나타나고 있다. 그러

를 제외한 나머지 모든 연령대에서 피선거권 상실형을 선고받을 것이라는 전망이 우세했다. 1심에서 징역 1년형의 유죄판결을 받았으므로, 합리적 추론은 특별한 사정이 없는 한 2심에서도 피선거권 상실형(벌금 100만원 이상)을 받을 것이라고 볼 수 있는데, 유독 40대만 그런 추론에서 벗어나고 있다. 이는 사실 여부의 판단조차 이념적 추종이나 믿음으로써 대체된 것이 아닌가.

2) 국민 다수가 진보좌파 이념을 선호하면 헌법이 개정될 수도 있다. 그것이 더불어민주당의 의도인지도 모른다. 그런데 '헌법개정의 한계'가 존재하며 진보좌파가 아무리 다수여도 북한식 사회주의나 인민민주주의를 채택할 수는 없다. 자유민주주의는 특정시기의 다수의견으로 변경시킬 수 없는 헌법개정의 한계에 속한다. 사회주의나 공산주의를 추종하고 실현시키고 싶은 국민은 표현의 자유와 참정권이 보장되지 않는가. 그렇다. 현행 헌법질서에서 이는 불가능하므로, 그들은 대한민국을 적화시키려 노력할 것이 아니라, 자유민주주의가 보장하는 '국적이탈의 자유'를 행사하여야 할 것이다.

나 국가안보와 치안의 중추적인 기관을 개인들의 악감정을 투사하여 의인화(personification)하여 대응하는 것은 올바른 국정운영이 아니다. 또 우리나라 진보좌파 이념의 생성자나 인플루언서들은 북한이나 중국으로부터 이용당할 소지가 매우 높다. 시진핑이 바이든 대통령과 정상회담에서 한국이 중국의 속국이었다며 중국내 소수민족의 하나로 말하였던 것을 기억하라. 김치도 자신들이 원조라고 한다. 위대한 중국 재건이라는 시대착오적 제국주의적 목표 앞에 한반도를 중국에 복속시키려는 광범위한 전략이 존재한다. 더구나 미중의 사생결단식 무역전쟁에서 국경을 마주한 한반도는 중국에게는 포기할 수 없는 이념적 경계지구일 것이다.

그러므로 우리 국민, 특히 40대는 경각심을 가지고 자신의 이념적 성향과 국제정세를 바라봐야 한다. 더불어민주당이나 그보다 더 좌파적인 정당을 추종하는 것이 과연 진실한 이념적 의지인지, 아니면 역사적으로 진보좌파가 흔하게 해오던 대중 선전, 선동 전술에 영향 받은 것은 아닌지 되돌아봐야 한다. 무엇보다도 그들이 잘 말하지 않는 '자유'의 가치를 되새겨보아야 한다. 필자는 이 글이 그 단초가 되기 바란다.

우리 헌법을 기준으로 하여, 헌법적 스펙트럼 범위 내에서 수정된 보수와 진보가 재정립되어야 한다. 헌법을 말하지 않고 자신의 이념적 정치적 주장을 하는 것이 타당한가. 입헌주의(立憲主義, constitutionalism), 즉 헌법에 의한 정치를 준수하고, 자유진영에서 발전되어 온 관용(tolerance)의 정신, 의회주의의 토론과 타협 정신, 서로 다른 사람들이 평화롭게 공존하는 '정치적 자유주의'(John Rawls, 『Political Liberalism』)가 구현되어야 한다. 그렇다고 전적인 가치상대주의는 아니다. 우리 헌법은 명백히 자유민주주의를 우월적 가치로 지향하고 있다. 그러므로 자유민주주의 이념과 그 가치에 대해 올바른 역사적 시각을 가질 필요가 있다. 이는 보수우파에게도 해당된다. 과연 보수우파는 현대사에서 자유민주주의를 어느 정도 깊이 인식하고, 어느 정도 실천하였는가. 이상이 이 책을 쓰게 된 취지이다.

※ 추가논의(1) <진보와 보수 이념의 대비>

단순화의 오류가 있겠지만, 보수/진보 이념은 오늘날 다음과 같은 지향점을 주장한다. 진보적 이념이 세련되고 그럴듯해 보여도 그것이 실체와 본질을 잘 드러내지는 않는다.

		진보적	보수적
1	가치	평등. (인민)민주주의	자유. 자유민주주의. 보수주의, 자유주의
2	인간관	공동체 중시	개인주의
3	정의관	배분적 정의, 결과의 평등	교환적 정의, 기회의 평등
4	국가관	국가 역할 강화	제한정부론
5	경제	사회주의적 계획경제 정부의 규제와 조정, 확장적 재정정책	자본주의 경쟁적 시장. 개인과 기업의 자유와 창의, 규제 완화, 긴축적 재정정책(균형예산)

8 보수와 진보의 이념 대립, 승자는

			'사회적 시장경제'
6	법률관	이념 달성을 위한 수단성(이념의 우위성)	법치주의, 적법절차 강조
7	인권	평등권, 사회적 기본권 강조(노동자, 여성, LGBT, 난민 옹호)	자유권 중시(재산권 옹호)
8	복지	보편적 복지 선호	선별적 복지
9	조세	부자 증세, 소득재분배	감세
10	통일관	친북 민족적 동일체 강조, 북한 지원 평화 유지	반공 자유민주적 통일, 군사력 바탕 전쟁 억제
11	교육	평준화 교육, 경쟁 불신. 사립학교 통제	학교의 자율성 확대, 공정한 경쟁
12	종교	관련성 약함	기독교 전통 강함
13	외교	친중, 친북	친미

진보(좌파)는 개인보다 공동체를 중시하며(공동체주의), 보수(우파)는 개인의 자유를 중시한다(개인주의, 자유주의). 여기서 '자유주의'(liberalism)는 고전적 자유주의의 의미, 즉

개인의 자유를 중심으로 하여 자본주의와 시장경제를 받아들이고, 국가의 역할을 제한적으로 보며, 자유 보장을 위해 국가권력은 통제되고 분립되어야 하며 견제와 균형을 이루어야 한다는 취지로 이해한다.

그런데 무엇보다도 중요하지만 오해되고 있는 것은 개인주의와 자유주의는 그것이 '도덕적으로' 옳아서가 아니라, 개인의 자유가 가장 중요한 가치이기 때문에 이를 간섭해서는 안 된다는 것을 전제한다는 것이다. 각자가 각자의 주인이며 무엇을 선택할지, 어떤 인생을 살지는 주체적인 일이며 외부에서 개입할 수 없다. 개인에게 집단이나 국가가 함부로 가부장적(paternalistic) 개입을 해서 이래라 저래라 할 수 없는 것이다. 자유는 사회적으로 해롭거나 개인에게 위험한 사항에 대해서도 존재한다. 헌법재판소는 흡연권도 그것이 일반적 행동자유권의 내용이라고 보았다. 개별성에 대한 적대적 환경을 경계하여야 한다. Mill은 『자유론』에서 "자신의 삶을 자기 방식대로 살아가는 것이 가장 바람직하다. 그 방식 자체가 최선이기 때문이 아니라. 그보다는 자기 방식대로 사는 길이기 때문에 바람직하다는 것이다."라고 말한다. 그것이 자유주의의 기본 문법(文法)이다.

'공동체주의'가 좋은 개념들과 시민적 덕성을 다 지니고 있지만, 개인을 구속할 수 있다는 점, 개인보다 단체를 우선시한다는 점에서 자유주의와 개인주의의 입장에서는 찬성하기 어려운 것이다. Michael Sandel은 『정의란 무엇인가』에서, 시장의 '도덕적 한계'를 지적하며 '시민의 공적 참여와 상호 존중'을 강조하였다. 그런데 자유주의에 기반한 국가는 개인들이 자유와 창의를 가지고 각자의 인생을 자율적으로 살도록 보장하는 것이지, 개인에게 특정한 도덕을 강요하지 않아야 한다. 우리가 '도덕적 한계'에도 불구하고 자유로운 개인과 시장경제의 기조를 유지하는 것은, 그것이 공동체에 도움을 주기 때문이 아니라, 개인의 자유와 자율성을 높은 가치로 보면서, 여하한 개입도 자의적이고 불완전한 것이 될 수 있다고 때문이다. '시민의 참여와 상호 존중'이라는 추상적 가치보다는, '놔두는 것' 즉, 자유를 강조하는 것이 더 낫다고 보는 것이다.

이는 자본주의에 대해서도 마찬가지이다. 그것이 소득불평등과 노동자에 대한 착취를 초래하지만, 근본적으로 개인의 이윤 동기와 기업경영을 할 자유는 '자유'의 영역인 것이다. 그렇기 때문에 자본주의는 그 단점에도 불구하고 대한민국에서도 포기할 수 없는 경제질서이며, 국가의 계획경제라는 불완전한 관료주의로서 이를 대체할 수 없는 것이다. 그토록 배척하던 자본주의를 받아들여 중국과 러시아가 오늘날 경제대국이 된 것을 어떻게 바라봐야 하나. 침략자이자 독재자인 Putin에 대한 러시아 국민의 지지율이 높은 이유는 무엇인가. 그것은 경제 상황과 밀접한 관련이 있는 것이다. 빵을 보장해주지 못하는 군주제는 전복되었던 것이다(프랑스 루이16세의 경우).

자본주의는 수정되어야 마땅하나, 시장에의 개입은 살얼음의 개천을 건너듯이 매우 조심스럽게 이루어져야 하며, 자본주의를 악마화하는 이념적 지향은 오늘날의 우리 현실에 맞지도 않고 실현가능성도 없는 무책임한 것이다. 자본주의의 근간이 된 A. Smith의 자유주의 질서, 즉 '각자가 이기적 동기로 경제활동을 할 때 국부가 증가한다'는 원리는 지금도 타당하다. 고용을 창출하는 것은 기업이며, 세금을 가장 많이 내는 곳도 기업이다. 그들의 독과점은 엄격히 통제되어야 하지만(아담 스미스도 『국부론』에서 상인들의 이윤추구의 지나침과 독점은 반드시 국가가 통제하고 감시해야 한다고 기술하였다), 그들의 경제활동의 자유만큼은 국가가 보장해 주어야 하지 오히려 정경유착, 관치경제를 해서는 안 되는 것이다(그것이 실은 박근혜 대통령에 대한 주된 파면이유였다. 후술).

'섣불리' 도덕적 혹은 시기심(jealousness)을 조장하여 국가권력을 동원해 시장질서를 통제하고 부의 재분배를 도모하려는 시도는, F.A. Hayek의 표현에 의하면, '오만하고 무지한 것'이다. 복잡계의 시장 상황에서, 무지의 베일(veil of ignorance)에 쌓여 있음을 이해하지 못하고, 더 큰 부작용을 알지 못하면서 나대는 것이다. 그에게 있어서 시장이란, 마치 판례를 통해 쌓인 영미법의 발전과 같이, 인류 역사가 시행착오를 거쳐서 '날실과 씨실'로 경제적 진화를 해 온 것이다. 잘못해서 한 발 들여놓은 순간, 질서가 왜곡되고 그 결과는 불공정의 심화가 될 수 있는 것이다.

지난 문재인 정부에서 부동산 가격 상승을 막기 위해 수많은 경제정책을 남발하였다. 강남의 부동산 가격의 상승이 과연 수요와 공급의 산물이었는지, 아니면 조작이 개입된 것인지 의문이 있다. 그러나 그에 대한 어설픈 정부개입은 시장경제질서를 더욱 악화시켰다. 그 결과 부동산 가격은 더 치솟았으며 '자산의 양극화'를 더 초래했다. 정부는 부동산 가격 상승 원인을 '투기'라고 보고, 진보·좌파 이념의 수호자로서 '투기 억제'와 '불로소득 회수'를 목표로 20여차례 굵직한 부동산정책으로 시장질서에 개입하였다. 그러나 진단 자체에서 '공급'의 부족에 대한 인식은 부족하였다. 정부는 세제, 금융,

12 보수와 진보의 이념 대립, 승자는

청약, 재개발, 재건축 규제를 종합적으로 하면서 투기과열지구 및 투기지역 지정, 다주택 양도세 중과, 1가구 1주택 양도세 비과세 요건 강화 등 고강도 부동산시장 개입을 하였으나, 정부의 잘못된 원인 진단과 정책 처방으로, 문재인 정부에서 오히려 부동산 가격이 가장 큰 폭으로 올랐다.

<역대 정부 아파트 매매가 증감률(%):
연합뉴스 2021.6.10.자 >
각 정부 4년간 증감(문재인 정부: 2017년 5월 대비 2021년 5월) 서울 3.3㎡당 평균 아파트 매매가격

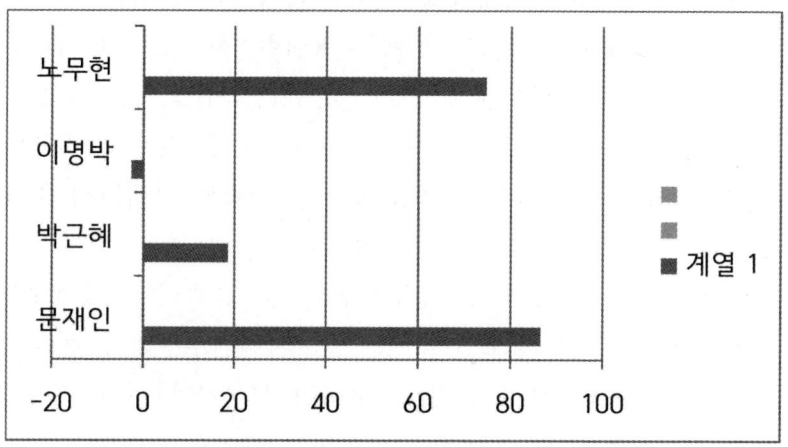

당시 국토부는 주택보급율 100%라는 자료를 근거로 삼았으나 그 자료는 국민이 살고 싶은 주택이 충분한지 설명하지 못하였고, 장기간 지속된 저금리와 경기침체를 막기 위해 풀린 자금이 주택가격 급등의 원인이었다(김인준, 『위기의 한국경제』, 2021). 정부는 시중 유동성이 부동산 시장으로 몰리는

것을 막으려고 주택담보대출비율(LTV)과 총부채상환율(DTI)을 강화하였으나, 우리나라의 독특한 전세제도가 이들에 상관없이 주택 매입을 위한 자금을 확보할 수 있는 점('갭 투자')을 고려할 때 바람직한 정책이 아니었다(같은 책). 또 상식적으로 다주택자들이 시장에 매물을 내놓게 하려면 양도세와 취득세를 낮춰야 할텐데, 보유세, 양도세, 취득세를 모두 올려 오히려 문제를 악화시켰다. 이는 진보좌파 정부에서 자산 양극화가 더 심해진 것이며, 많은 국민에게 경제적 소외감을 가중시켰다.

그뿐 아니다. 문재인 정부의 최저임금 급격한 인상, 소득주도성장 정책 역시 실패하였다. 우리나라의 최저임금 문제는 대기업과 정규직 고용자의 문제가 아니라, 자영업자와 아르바이트직, 임시직, 비정규직 간의 문제라는 점을 간과하였다. 최저임금의 급격한 인상은 자영업자의 소득을 줄이고 파트타임직, 임시직, 비정규직 고용을 줄이는 결과를 가져와서 경제성장을 저해하고 분배구조를 악화시켰다(위의 책).

이러한 정부의 정책이 시장경제질서를 존중하는 상태에서 보충적으로 '규제와 조정'을 하라는 자유민주주의의 취지에 부합되는 것이라 보기 어렵다. 오히려 정부가 나서서 경제질서를 좌우하는 것의 폐해를 적나라하게 보여준 것이다.

나. 자유민주주의의 의미

오늘날 우리에게 중요한 것은 헌법의 입장이다. 핸드폰이 전파를 수신하듯 우리는 헌법의 이념적 주파수에 고정시킬 필요가 있다. 보수나 진보 혹은 중도 성향은 MBTI 결과처럼 성격일 수 있다. 영향을 준 선생, 친구나 선배, 자란 환경도 있을 것이다. 그런데 어떤 이념적 선택도 '동등한' 가치를 지닌다고 보기 어렵다. '새는 두 날개로 난다'라면서 보수와 진보 이념을 언급하는 것은 적절치 않다. 마치 양자가 동등한 날개인 것처럼 오해를 불러 일으킨다. 역사적으로 진보는 보수우파의 대척점으로서 등장하였고, 보수의 자본주의를 무너뜨리는 것이 그 목표였다.

헌법은 국가의 최고규범이자, 가치의 중심이기 때문이다. 즉, "헌법은 국민적 합의에 의해 제정된 국민생활의 최고 도덕규범이며 정치생활의 가치규범으로서 정치와 사회질서의 지침을 제공하고 있기 때문에 민주사회에서는 헌법의 규범을 준수하고 그 권위를 보존하는 것을 기본으로 한다."(헌재 1989. 9. 8. 88헌가6). 따라서 헌법의 입장을 도외시한 이념을 주장하는 것은 국회의원 등 정치인들에게는 타당하지 않다. 이들은 자신의 이념적 지향과 정책이 대한민국 헌법에 부합된다거나, 헌법을 벗어난 것이 아니라는 논증을 해야 한다.

대한민국 헌법에는 보수적 이념만 있는 것은 아니며 진보적 이념이 섞여 있지만(특히 제헌헌법이 그러했다), <u>헌법은 자유민주주의를 강조하고 있으므로, 보수적 이념에 바탕을 두고 있다</u>. 말하자면 헌법은 '오른손잡이'이다. 대통령 탄핵제도도 '자유민주주의 수호'를 위한 것이다(헌법재판소).

헌법의 최고 이념은 국민주권주의와 아울러 '자유민주주의'(liberal democracy)이다. 자유민주주의는 전형적인 보수우파의 이념이다(진보를 표방한 문재인 정부에서 '자유'를 삭제하려 했던 헌법개정 시도를 보라). 헌법재판소는, "우리 헌법의 전문과 본문의 전체에 담겨 있는 최고 이념은 국민주권주의와 자유민주주의에 입각한 입헌민주헌법의 본질적 기본

원리에 기초하고 있다. 기타 헌법상의 제원칙도 여기에서 연유되는 것이므로 이는 헌법전을 비롯한 모든 법령해석의 기준이 되고, 입법형성권 행사의 한계와 정책결정의 방향을 제시하며, 나아가 모든 국가기관과 국민이 존중하고 지켜가야 하는 최고의 가치규범이다."(헌재 1989. 9. 8. 88헌가6)라고 선언한다.

헌법은 '자유민주주의'라는 개념을 직접 사용하고 있지는 않지만(이는 liberal democracy 계열의 다른 국가도 마찬가지이다). '자유민주적 기본질서' 개념으로 이를 표현하고 있다. 헌법재판소는 그 구성요소를 다음과 같이 판시하였는데, 여기에 자유민주주의의 기본 내용, 헌법의 기본원리가 대부분 들어있다.

"자유민주적 기본질서는 모든 폭력적 지배와 자의적 지배를 배제하고 다수의 의사에 의한 국민의 자치, 자유·평등의 기본원칙에 의한 법치주의적 통치질서의 유지를 추구하며, 구체적으로는 기본적 인권의 존중, 권력분립, 의회제도, 복수정당제도, 선거제도, 사유재산과 시장경제를 골간으로 한 경제질서 및 사법권의 독립 등을 포함한다." (헌재 1990. 4. 2. 89헌가113)

(1) 국가의 목적으로서 자유와 인권 보장

- 자유와 권리의 보장은 헌법질서의 목적이다. 국가는 자체의 존재 목적을 따로 지니지 않는다. "이른바 통치행위를 포함하여 모든 국가작용은 국민의 기본권적 가치를 실현하기 위한 수단이라는 한계를 반드시 지켜야 하는 것"(헌재 1996. 2. 29. 93헌마186). 즉, 국가는 자유와 권리를 보장하기 위한

장치(수단)이다. 그 이유는 다음과 같이 설명할 수 있다.

　- 우선 '권력'(권리)는 '군주나 법이 부여한 힘(영향력)'을 말한다. 누군가를 움직여 행위를 하도록 강요하는 힘이다. 왕정이 없어진 오늘날, 권력은 특정 개인이나 관습이 아닌 실정법으로부터 나온다. 국가의 법은 헌법과 법률, 그리고 행정입법(시행령, 시행규칙)과 조례인데, 헌법은 국민이, 법률과 조례는 국민이 선출한 국회의원과 지방의회 의원이 각각 만든다.

　- 국민이 대표자(입법자)를 선출하는 이유는 두가지이다. 첫째, 모든 권력의 원천에 해당하는 '주권'을 국민이 지니고 있는데('국민주권주의'), 둘째, 국민은 자신보다 우수한 대표자를 통해서 국정(입법)을 운영하려고 하기 때문이다('대의민주주의').

　- 국가의 시스템을 개인이 구성하는 이유는 '사회계약론'에 있다. 즉 자연상태의 개인이 다른 개인으로부터 혹은 다른 나라로부터 자유를 침해받거나 소유물을 뺏기지 않도록 하기 위해서는, 자연상태에서 동등한 개인들이 자발적으로 '동의'하여 정부를 구성해야 한다는 것이다. Hobbes는 개인이 자연적 권리 대부분을 특정한 주권자(리바이어단)에게 맡겨 그 주권자가 개인의 안전과 개인의 나머지 자유와 권리를 보장하는 시스템을 구상하였고, Spinoza와 John Locke는 개인들의 자발적 동의로 국가를 구성하고, 대표자를 선임해서 국가가 개인의 자유와 안전을 지켜주도록 구상하였다. Locke는 누구도, 심지어 아담과 그 후손도 신으로부터 다른 사람을 지배할 권능을 부여받지 않았다고 전제한다(따라서 개인은 동등하며 단지 동의에 의해서만 사회와 정부를 구성한다('정부론'). 즉, "인간은 자연에 의해 모두 자유롭고 평등하고 독립

적이어서, 아무도 그 자신의 동의 없이는 이 상태로부터 강제로 벗어나 타인의 정치적 권력에 종속될 수 없다. 누군가 자신의 자연적 자유를 포기하고 이를 시민사회(civil society)의 구속에 놓는 유일한 방법은, 다른 사람들과 공동체에 가입하고 연합하는 것을 동의하는 것이다. 그 목적은 그들의 안락하고, 안전하고, 평화로운 삶을 위하고, 자신의 소유물을 안전하게 향유하기 위하여, 그리고 더 큰 안전을 보장받기 위해서이다."('정부론', 8장).

　이러한 사고방식은, 정부의 역할은 개인의 안전과 평화를 보호하기 위한 제한적인 것이며('제한정부' limited government), 개인의 자유는 최대한 보장되어야 하므로 국가의 간섭은 최소화 되어야 한다는 이념('자유주의' liberalism)에 연관되는 것이었다. 이것이 국가의 '목적'은 개인의 자유와 권리를 보장하는 것이라는 위 헌법재판소 93헌마186 결정의 유래이다.

　- 그런데 만일 국민이나 대표자가 다수결로써 특정 개인의 자유와 권리, 재산권을 박탈할 수 있다면, 해당 개인은 자유를 잃게 된다. 그러므로, 국민이나 그 대표자가 국정을 결정하되('민주주의'), 폭력적 지배와 자의적 지배를 배척하고, 소수의 자유와 권리가 다수에 의하여 부당하게 희생되지 않도록 하는 것이 필요하다. 그리하여 오늘날 (사회주의나 공산주의 진영이 아닌) 자유진영의 민주주의는 자유를 중시하는 민주주의로 고착된 것이다('자유민주주의'='자유주의'+'민주주의').

※ 추가논의(2) <자유 제한의 한계- J. S. Mill의 해악 원리>

개인의 자유를 보장해야 하지만 국가 공동체에서는 공공복리를 위해서 개인의 자유가 제한될 수 있다. 그런데 자유민주주의 체제에서 자유권에 대한 제한은 엄격한 헌법적 정당화가 필요하다. 우리 헌법 제37조 제2항은 국민의 자유와 권리는 특별한 공익적 목적이 있어야 제한할 수 있고(목적의 정당성), 제한하는 경우에도 목적에 비하여 수단이 과잉 제한적인 것이 아니어야 하며(수단의 적정성, 피해의 최소성) 공익에 비하여 사익 침해의 비중이 더 적은 경우여야 한다(법익의 균형성). 헌법재판소는 이를 '자유와 권리 제한의 한계'라고 설명하고 있다. 이러한 법리는 그 유래가 J. S. Mill의 '자유론'(On Liberty, 1859)에서 주장한 소위 '해악 원리'(harm principle)라고 볼 수 있다.

'자유론'의 해악의 원리	헌법 제37조 제2항의 '과잉금지원칙'
"문명화된 공동체의 구성원에게 권력이, 그의 의사에 반하여, 정당하게 행사될 수 있는 유일한 목적은 타인에 대한 해악(harm)을 방지하기 위함이다. … 그렇게 하는 것이 그에게 더 좋거나 그를 더 행복하게 하거나 다른 사람의 의견이 더 현명하거나 심지어 옳다고 하더라도, 그는 무엇을 하거나 감수하도록 강요될	"헌법 제37조 제2항에 의하면 '국민의 자유와 권리는 국가안전보장 질서유지 또는 공공복리를 위하여 필요한 경우에 한하여 법률로써 제한할 수 있으며 그 경우에도 자유와 권리의 본질적인 내용을 침해할 수 없다'고 규정하여 국가가 국민의 기본권을 제한하는 내용의 입법을 함에 있어서 준수하여야

수 없다. … 단지 그 자신에게 관련된 사항에 있어서, 그의 독자성은 절대적이다. 그 자신에게, 그의 육체와 정신에게 있어서, 개인은 주권자이다."	할 기본원칙을 천명하고 있다. 따라서 기본권을 제한하는 입법을 함에 있어서는 입법목적의 정당성과 그 목적 달성을 위한 방법의 적정성, 피해의 최소성, 그리고 그 입법에 의해 보호하려는 공공의 필요와 침해되는 기본권 사이의 균형성을 모두 갖추어야 하며 이를 준수하지 않은 법률 내지 법률조항은 기본권제한의 입법적 한계를 벗어난 것으로 헌법에 위반된다."(헌재 1990. 9. 3. 89헌가95).

※ 추가논의(3) <개인과 공동체의 갈등 - 다수결 원칙>

한편 공동체가 다수의결로 어디까지 개인의 자유를 제한할 수 있는지, 다수결원칙에는 한계가 없는 것인지가 문제된다. 개인은 자유와 자율의 주체로서 공동체에 (명시적 혹은 묵시적) '동의'로써 가입하여 공동체가 개인에 행하는 구속을 용인한다. 그런데 공동체가 특정 개인(들)에게 지나치게 불리하거나 그들의 자유와 권리를 박탈하는 결정을 '다수결 원칙'으로 강행할 경우, 해당 개인(들)이 이를 부당하다고 본다면, 그가 공동체(국가)를 구성(가입)한 취지 자체가 없어질 것이다. 따라서 이를 해소하기 위한 헌법적 장치가 필요하며, 다행히 우리 헌법은 그런 장치를 두고 있다.

1) 개인의 자율성과 사적 자치의 원칙

헌법은 자율적 개인관을 바탕으로 한다. "헌법상의 인간상은 자기결정권을 지닌 창의적이고 성숙한 개체로서의 국민이다. 우리 국민은 자신이 스스로 선택한 인생관·사회관을 바탕으로 사회공동체 안에서 각자의 생활을 자신의 책임하에 스스로 결정하고 형성하는 민주시민이다."(헌재 1998. 5. 28. 96헌가5). 이런 인간관에서, 개인의 사적 영역은 국가의 개입으로부터 보호되어야 한다. "사적 자치의 원칙이란 자신의 일을 자신의 의사로 결정하고 행하는 자유뿐만 아니라 원치 않으면 하지 않을 자유로서 우리 헌법 제10조의 행복추구권에서 파생되는 일반적 행동자유권의 하나이다."(헌재 2009. 6. 25. 선고 2007헌바99).

2) 기본권 제한에서 '비례(과잉금지)의 원칙'

헌법 제37조 제2항은 자유와 권리(자유권)의 제한은 공공복리, 질서유지, 국가안전보장을 위하여 '필요한' 범위 내에서 이루어져야 하며, 제한되는 경우에도 '본질적 내용'은 침해될 수 없다고 한다. 이는 공공의 이익을 위한 개인의 기본권 제한의 정당성 판단을 엄격히 하고, 제한이 가능하더라도 사적 영역의 침해와 추구되는 공익 간에 '법익형량'을 하여, 후자의 비중이 더 클 때만 가능하다.

3) 사상과 표현의 자유 보장

개인은 자유롭게 자신의 의견을 표명할 수 있으며, 집단적으로, 집회와 결사를 통하여 표현행위를 하는 것이 허용되고(헌법 제21조), 종교의 자유를 지닌다(제20조). 한편 국민으로서 의무를 이행하더라도, 납세는 '응능부담의 원칙'과 '실질과

세의 원칙', 조세평등주의가 적용되어야 하고, 국방의무에서 '양심적 병역거부'에 따른 '대체복무'가 받아들여져야 한다.
　4) 평등권, 선거권, 공무담임권의 존재
　성별, 나이, 사회적 신분 등을 이유로 차별받지 않는 '법 앞의 평등'이 이루어져야 하며(헌법 제11조), 개인은 선거를 통하여 권력의 담당자를 직접 결정할 수 있어야 하고(헌법 제24조), 또 스스로 공직에 나갈 수 있어야 한다(헌법 제25조).
　5) 법적 구제수단의 구비
　개인의 자유와 권리 침해에는 사법적 구제수단이 구비되어야 한다('법치국가원칙'의 한 내용). 특히 입법에 의한 기본권 침해에 대해서 헌법소원이 인정되는 것(헌법 제111조)은 이 점에서 매우 중요하다. 왜냐하면 자유와 권리의 제한은 기본적으로 입법으로부터 시작되기 때문이다.
　6) 거주이전, 국적이탈의 자유
　개인은 다른 곳에 거주할 자유가 있으며, 국가에 근본적인 불만이 있을 경우, 사회계약의 국가시스템에서 벗어날 수 있는 '국적이탈의 자유'가 인정된다(제14조).
　7) 저항권의 인정
　개인의 권리 구제를 위한 사법적 구제절차나 청원 등 국가 시스템을 통한 장치가 더 이상 작동되지 않을 경우 예외적인 요건하에 '저항권'이 인정된다.
　8) '다수결원칙'의 전제 조건
　위와 같은 헌법적 시스템이 작동되는 한 소수자 보호가 이루어지고 있다고 볼 수 있으나, 이에 더해서 민주주의의 '다수결 원칙'에도 소수자 보호를 위한 제약이 필요하다. 숫자만 다수만 소수에 피해를 주는 결정도 함부로 할 수 있다고 한다면, 사회계약에 '동의'한 취지에 맞지 않으며, 해당 소수자는 국가시스템으로 인하여 자연상태일 때보다 더 불리한 위치에 처한다. 이는 자유민주주의 헌법체제에서는 용인되기 어려운 결과이다. 따라서 다수결원칙은 금과옥조가 아니며 다음과 같은 조건을 구비하여야 한다.

우선 다수결원칙은 민주주의의 실질적인 내용을 실현하기 위한 하나의 형식원리에 지나지 않는다. 우선 다수결원칙으로 국민주권, 자유, 평등, 정의와 같은 민주주의의 실질적 내용을 배제할 수 없는 것은 자명하다. 이들은 헌법개정의 한계를 의미한다. 의회주의는 토론과 타협, 이를 위한 절차적 요건을 강조하는데, 이는 복잡한 합의과정을 거치면서 상반되는 정치적인 이견이나 이해관계가 최대한 조정되고 접근될 수 있기 때문이며, 합의사항의 실현이 용이하기 때문이다. 강권적인 다수결에 의한 정책결정이 손쉽고 간단할지 몰라도 그 결정내용을 실제로 관철시키는 데는 큰 어려움과 강제력이 뒤따라야 한다. 그리하여 다수결 원칙은 다음 전제조건이 충족되어야 한다(허영, '헌법이론과 헌법', 2021년판, 214쪽 이하).

첫째, 다수결원칙은 결정참여자 상호간에 평등한 지위가 전제될 대 그 정당성을 인정받을 수 있다. 모든 사람은 자기주장을 관철시킬 균등한 기회를 가져야 한다.

둘째, 다수결원칙을 정책결정 수단으로 적용하는 데 대한 합의가 우선 성립되어야 한다.

셋째, 다수결 결정과정에 참여하는 세력간에 절대로 조정될 수 없는 근본적인 대립관계가 존재해서는 아니 된다. 즉, 다수결원칙은 타협과 절충에 의해서 조정되고 극복될 수 있는 상대적인 대립관계를 전제로 할 때만 그 적용이 가능하다. 즉 어느 정도의 기본적인 콘센서스를 전제로 해서만 그 기능을 발휘할 수 있다. 종교관, 세계관의 문제가 다수결우너칙에 위해 해결될 수 없는 이유도 그 때문이다.

　넷째, 다수결원칙은 자유롭고 평등한 토론을 통한 절충과 타협을 필수적인 선행조건으로 하기 때문에, 절충과 타협의 자유분위기가 보장되어야 한다.

　다섯째, 다수결원칙은 관점의 다양성과 다수관계의 가변성을 전제한다. 이는 소수에 대한 보호와 관용을 의미한다. 소수가 다수가 될 수 있거나, 소수의 보호 자체가 민주주의의 중요한 내용으로 받아들여져야 한다.

(2) 법치주의(법치국가원칙)

　권력의 행사는 개인이 주관적, 자의적으로 해서는 안 되고 객관적인 법규범에 의해야 한다는 것이 역사적으로 발전되어 왔다. 즉, 인치주의(the rule of person)가 아니라, 법치주의(the rule of law)가 타당하다는 것이다. Edward Coke가 이를 확립한 선구자이다(아래).

　법의 정점에 헌법이 있다. "국가의 법질서는 헌법을 최고 법규로 하여 그 가치질서에 의하여 지배되는 통일체를 형성하는 것이며 그러한 통일체내에서 상위규범은 하위규범의 효력근거가 되는 동시에 해석근거가 되는 것"이다(같은 결정). 따라서 모든 행정과 재판은 법률에 근거를 두어야 하며, 입법은 헌법에 구속된다. 국민 역시 헌법과 법률을 준수할 의무가 있다(헌재 2002. 4. 25. 98헌마425등).

　이러한 법치국가의 이념은 "국가권력의 남용으로부터 국민의 기본권을 보호하려는" 것이다(헌재 1992. 4. 28. 90헌바24). 그런데 법을 통하여 국민의 기본권(헌법상 권리)을 오히려 침해한다면 그것은 법치주의의 이름으로 정당화될 수 없다. 독일에서 히틀러가 법률(수권법)에 따라 전권을 행사해 무도한 유대인 학살을 겪은 후 '실질적 법치주의'가 강조되었다. 즉, 헌법상의 법치주의는 '형식적 법치주의'만을 의미하는 것이 아니라, 법의 내용이 정의와 인권에 맞아야 한다는 '실질적 법치주의'를 의미하는 것이다(헌재 2011. 2. 24. 2009헌바33등).

헌법재판소는 이를 부연하여 설명한다. "우리 헌법은 국가권력의 남용으로부터 국민의 기본권을 보호하려는 법치국가의 실현을 기본이념으로 하고 있고 그 법치국가의 개념에는 헌법이나 법률에 의하여 명시된 죄형법정주의와 소급효의 금지 및 이에 유래하는 유추해석금지의 원칙 등이 적용되는 일반적인 형식적 법치국가의 이념뿐만 아니라 법정형벌은 행위의 무거움과 행위자의 부책에 상응하는 정당한 비례성이 지켜져야 하며, 적법절차를 무시한 가혹한 형벌을 배제하여야 한다는 자의금지 및 과잉금지의 원칙이 도출되는 실질적 법치국가의 실현이라는 이념도 포함되는 것이다. 이는 국회의 입법재량 내지 입법정책적 고려에 있어서도 국민의 자유와 권리의 제한은 필요한 최소한에 그쳐야 하며, 기본권의 본질적인 내용을 침해하는 입법은 할 수 없는 것을 뜻한다."(헌재 1992. 4. 28. 90헌바24)

※ 헌법역사(1) <법치주의를 숙성시킨 Edward Coke>

법치주의(법의 지배)는 오늘날 헌법의 중심 기둥이 되었다. 옛날에는 법은 왕의 지시였다. 왕은 법을 만들고 자신은 법 위에 존재하였다. 언제든지 법을 바꿀 수 있고, 또 법을 무시할 수 있었다. 따라서 법치주의의 발전 과정에서 왕의 권위와 대립은 필수적인 수순이었다. 역사적으로 누군가 총대를

메고 이 일을 해야 했다. 17세기 초 영국의 Edward Coke 판사가 그 일을 해 냈고, 비록 당시에는 그가 말한 '법의 지배'가 통용될 수 없었지만, 인류의 법 역사에서 확실한 발자국을 남겼다.

역사를 보면 원래 사법(司法)은 정치에 압도되었다. 재판을 하는 법관은 왕의 신하였으며 왕으로부터 재판권을 위임받은 사람이었다. 그런데 지역적, 역사적 특수성 때문에 중세 영국에서는 의회의 입법이 아닌 판례법으로서 보통사람에게 적용되는 '보통법(common law)'이 점차 형성되기 시작하였다. 17세기 초반에 이르러 보통법 판례가 방대해져서 대부분의 법리가 그 판례에서 도출될 수 있게 되었으며, 이에 따라 상대적으로 법관의 전문성과 독자성이 강화되었다.

그런 상황에서, 1607년 Edward Coke 보통법원장은 'Prohibition del Roy' 사건에서, 왕은 직접 판결할 수 없고 소송은 잉글랜드 법과 관습에 따라 법원에서 결정되어야 한다고 선언하였다. 그는 '신이 왕에게 우수한 지적 능력을 주었지만, 영국 백성들의 삶과 재산 그리고 운명에 관한 사안들은 자연적 이성(natural reason)에 따라 결정될 것이 아니라 법의 인공적 이성(artificial reason)과 선례(judgment)에 따라 결정되어야 하고, 오랜 공부와 경험을 통하여서만 보통법의 그러한 이성을 충분히 인식할 수 있다'라고 말했다. 이는 보통법의 전개가 이미 왕의 통제를 벗어나 독자적인 법리 전개 단계에 다다른 것을 보여주며, 에드워드 코크라는 독창적이면서 용기있는 법관에 의하여 왕의 권위에 감히 도전하는 양상이 나타난 것이다.

나아가 Dr. Bonham's Case (1610)에서는, 에드워드 코크는 의회의 권위에 도전하여 보통법의 자주성을 피력하였다.

본햄은 런던 의사협회에 가입하려 하였지만 거절당하였지만 의술활동을 하자 의사협회는 의회법률의 근거를 가지고 그에게 벌금형을 선고하였다. 그 이유는 면허없는 의료행위를 하였다는 것이다. 이에 대하여 코크 대법원장은 의료과오(malpractice)와 무면허의료를 구분하여 해석하면서, 한편으로 의사협회의 징벌권한을 비판하였다. 즉, "어떤 판사도 당사자를 위하여 판결하면서 동시에 변호사가 될 수 없다. 우리의 책에서 보면, 많은 경우 보통법이 의회의 법률을 통제하고, 때로는, 의회입법이 상식과 이성에 반하거나(against common sense and reason) 배치되거나(repugnant), 실효성이 없을 때는, 의회입법이 무효라고 판단한다."고 판시하였다.

한마디로 보통법은 이성과 합리성에 근거를 둔 것이므로 함부로 왕의 명령이나 의회입법으로 그 취지가 배제되어서는 안 된다는 것이다. 이러한 관점은 영국에서 '법의 지배'가 확립되는 계기였다. 다만, 그 후 영국의회는 '의회주권론'을 확립하였고, 결과적으로 코크의 판시는 빛을 보지 못했지만(오늘날에도 영국 법원은 의회입법을 무효화할 수 없다. 다만 행정행위는 사법심사 가능), 나중에 미국에서, 1803년 연방대법원이 위헌법률심사를 포함하는 사법심사(judicial review) 권한을 정립하는데 반영되었다. 그러한 사법심사 제도가 유럽에서는 오스트리아를 필두로 하여 제2차 세계대전 후 독일을 중심으로 '헌법재판소 제도'로 발전되었고, 1988년 우리나라에서 헌법재판소가 설립되었다.

이러한 법치주의 발전 과정에서 교훈은 법은 이성과 합리성에 바탕을 두어야 하고, 이에 배치되는 국가권력의 행사는 법원에 의하여 통제되어야 한다는 '법의 지배' 정신이다. 이러한 정신이 잘 전개되는 나라는, 사법기관의 역할이 충분한 역사적 배경을 지니고, 국민의 신뢰를 가지고 있는 나라이다. 그럴 때 사법기관(판사)은 정치적 압력과 통제에 저항할 '맷집'이 생길 것이다. Edward Coke 같은 강단있는 법조인이 있다면 훨씬 더 유리하다.

※ 추가논의(4) <민주주의와 법치주의의 관계>

민주주의가 필연적으로 법치주의와 연관된다고 볼 논리적 이유는 없다. 그러나 민주주의가 작동하기 위해서는 누군가 객관적 질서를 유지하고 치안과 외교를 담당할 기준을 정해야 하고, 세금을 얼마나 걷어서 어디에 쓸 것인지 기준을 정해야 하며, 이는 법률의 제정 문제이다. 따라서 민주주의는 국민이 입법부를 구성한다는 점에서 실체적 내용이 있다. 이 점에서 루소는 '국민의 자기 지배'라고 표현하였다. 그러나 종종 법치주의 관철은 민주주의자들이 보기에는 국민의 뜻에 어긋나는 법조인들의 관료적 결정에 대한 비난을 초래한다. 과거 헌법재판소가 수도이전은 위헌이라고 결정하였을 때, 민주주의를 강조하는 사람들은 '헌법재판소가 국민의사에 반하는 결정을 하였으므로 문을 닫아야 한다'고 주장하였다.

민주주의의 관점에서 볼 때, 국회나 대통령이 국민의 직접 위임(delegation)을 받아 정치적 책임(accountability)을 져야 하는 대표자인 반면, 헌법재판소 재판관들은 단지 간접적 위임을 받은 국가기관으로서 국민들에게 아무런 정치적 책임을 지지 않는데, 왜 그 기관들의 결정을 번복할 수 있느냐는 문제가 제기된다.

그런데, 게임 룰이 분명하고 공평하지 아니하면 민주주의의 게임이나 시장에서의 게임이 되지 아니한다{최대권, '민주주의와 법치주의-헌법재판의 정치학,' 헌법논총 제19집 (2008)}. 독일에서 G. Radbruch는 "민주주의는 분명 존경할 만한 가치가 있지만 법치국가는 우리가 이용할 빵, 마시는 물, 숨쉬는 공기와 같은 것이다. 또한 민주주의의 가장 큰 장점은 그것만이 법치국가의 보존에 적합하다는 점에 있다."라고 말했다. 민주주의는 법치가 보존되지 않으면 오래 지속될 수 없다. '법을 통한 민주주의 발전' 이것이 중요하다. 민주주의는 자칫하면 중우정치로 전락될 수 있으므로 고래로부터 민주주의를 지지하는 철학자는 드물었다. 시민들의 수준이 민주주의를 할 만큼 자율성과 주체성을 지니지 못한다면, 데마고그 정치인들에 휘둘려 포퓰리즘에 빠져 자신의 파멸을 스스로 가져올 수도 있다. 독일에서 비교적 이성적인 독일 국민들이 히틀러의 나치스에 경도되어 민족주의와 대중선동에 쇠뇌되어 유태인 학살을 자행하였다. 그것도 민주적인 의사결정으로서 한 것이다(의회에서 수권법 제정으로 히틀러에게 권한을 부여). 그러므로 민주주의가 잘 되기 위해서는 시민이 매우 성숙하여야 한다.

국민으로부터 직접 선출되지 않은 소수의 재판관이 대의기관이 다수결로 결정한 것은 번복하는 제도는 민주주의의 관점에서 비판될 수 있다. 다만 그 때 말하는 '민주주의'는 현 세대를 기준으로 한 민주주의라는 점에서 불완전하다. 오늘날 민주주의는 헌법에 규정된 바의 그것, 즉 입헌민주주의(constitutional democracy)의 관점에서 파악하는 것이 더 현실적이다. 왜냐하면 헌법은 국가와 사회 전반에 걸쳐 기준과 척도를 제시하는 최고 규범이기 때문이다. 또한 헌법은 과거의 국민이 국민주권을 직접 행사하여 제정한 민주주의의 산물이다.

　헌법재판의 목적은 인권을 수호하는 것이다. 인권보장은 오늘날 헌법과 국가기관, 나아가 민주주의 자체의 목적이 되고 있다. 민주주의는 그 자체로 목적을 가지는 것이 아니라 기본적으로 자유와 평등을 구현하기 위하여 존재하는 것이다. 헌법상의 인권의 보장은 구 세대가 정립한 근본가치이며 동시에 현 세대에게도 타당하다. 그것의 헌법적 선언의 취지는 그 때 그때의 국회의 다수결로 쉽게 이를 바꾸거나 훼손할 수 없도록 한다는 것이다. 이는 또한 공동체 내의 소수자도 공동체의 구성원으로서 공동체를 지지할 수 있게 하는 근본이 되는 것이다{명응, '민주주의와 헌법재판,' 헌법논총 제18집(2007)}.

(3) 권력분립주의

　권력남용을 방지하고 효율적 분업을 위한 국가조직 장치는 역사적으로 '혼합정부'(mixed government)론이 있었다. 로마의 Polybius는 순수한 하나의 체제의 정부, 즉 군주제나 귀족제, 혹은 민주제가 갖는 타락의 위험성을 언급하였다. 즉 군주제는 '독재정치'로, 귀족제는 '과두정치'로, 민주제는 '우민(愚民)정치'로 타락된다는 것이다. 그리하여 군주제, 귀족제, 민주제적 요소를 '혼합'시키고, 서로 간에 '견제와 균형'(check and balance)을 하는 것을 선호하였다.

　　사회계약론에 따라 개인의 자유와 안전, 그리고 재산을 보호하기 위해 정부를 구성하더라도 그 정부는 권력남용이 예방되어야 하는데, Locke는 주권자가 민주제, 귀족제, 군주제 요소를 결합시켜 선택할 수 있다고 제안하였다. 그는 입법권은 정의를 구현해야 하며, 자연법, 즉 신의 의지(the will of God)에 합치되어야 하고, 개인의 동의 없이 재산권을 박탈해서는 안 되며, 개인을 파괴하거나 노예로 만들거나 가난하게 만들 권한이 없다는 내적 한계를 설정한다('정부론' 11장). Locke는 이를 벗어나는 권한 행사에 대비하여 시민들은 대표자들에 대한 주기적인 교체제도를 두거나, 권한이 잘못 행사될 경우 그 권한을 박탈하는 제도를 설정해 놓을 수 있다고 한다. 그리하여 그들의 권한이 박탈될 경우 그 권한은 다시 사회로 복귀되며, 주권자는 새로운 형태로 그들이 생각하는 바대로 새로 정부를 구성할 수 있다('정부론', 19장).

한편 Locke는 입법권과 집행권(행정권)은 분리되어야 한다고 주장하였다. 법률을 제정하는 사람들이 법률의 집행권까지 갖는다면 권력을 장악하려는 경향을 지닌(apt to grasp at power) 인간 약점에 커다란 유혹이 될 수 있다고 한다. 즉, 자신들이 만든 법률에 대한 복종에서 자신들을 예외로 할 수 있으며, 자신들의 사적 이익을 위해서 집행권을 행사하여, 공동체의 다른 시민들과 이해관계가 배치될 수 있다는 것이다('정부론' 12장). 한편 Locke는 통상의 법집행 권력과 별개로 연방적 권력(federative power)을 독립적으로 인정한다. 이는 외교(연맹), 안보(전쟁과 평화), 무역을 담당하는 권한을 갖는 것이며, 시민이 결성한 공동체의 바깥 사람들을 상대하는 부서를 말하며, 단순히 법의 내용을 기준으로 하여 법집행을 하는 것이 아니라 담당자의 신중함과 지혜(predence and wisdom)에 맡겨진 영역이라고 한다('정부론', 12장). 그러나 상이한 업무내용에도 불구하고 집행 권력과 연방적 권력은, 그들의 존재를 위해서는 공히 공동체의 힘이 요구되며, 공동체의 힘이 서로 다른 명령체계에 있으면 무질서와 파멸이 초래될 수 있으므로, 실제로 그 담당자가 구분되기는 어려울 것이라고 보았다.

Montesque는 '법의 정신'에서 3권분립을 주장하였다. '혼합정부론'이 사회의 각 계층간 권력균형이라면 '권력분립론'은 제도적인 국가 부서간의 균형에 해당한다. 몽테스키외의 기본 전제는 자유의 보장이며 권력에 대한 불신이다, 이를 위하여 권력남용을 방지하는 한 방법으로 권력분립이 필요하고, 이는 '권력에 의한 권력의 억제'라는 방식이다. 즉 입법부, 행정부(집법부), 사법부로 나누어 어느 한 권력이 다른 권력을 압도할 수 없게 하는 것이다. 이에 더하여 상호 간에 '견제와 균형 장치'를 설치함으로써 어느 한 권력의 조직이나 결정절차에 다른 권력이 관여하도록 하거나, 권력 상호간 감시하는 장치를 두어 권력남용을 방지하는 것이다.

미국 연방헌법은 로크와 몽테스키에의 영향을 받아 3권분립과 견제와 균형 원리를 채택하였으며, 이는 우리나라 헌법에도 영향을 미쳤다. 칼 뢰벤스타인이 말했듯이 헌법 전체가 하나의 견제와 균형 장치이다(이명웅, '견제와 균형의 원리에 관한 연구', 법학석사논문). 아래 표를 보면, 매우 촘촘한 견제와 균형 장치가 우리 헌법에 채택되어 있음을 볼 수 있다.

권력분립은 논리적으로 '법'을 중심으로 되어 있다. 이는 국가작용에서 법치주의(법의 지배)를 반영한 것이다. 즉, 법을 만드는 기관(입법부)과 그 법을 집행하는 기관(행정부, 집법부), 그리고 법을 판단하는 기관(사법부)가 그것이다. 즉, 법을 중심으로 한 '분업화'라고 할 수 있다. 한편 중앙정부와 독립적으로 지방자치단체가 존재한다(제117조, 제118조). 이를 3권분립 제도와 별개로 '기능적 권력분립제도'라고 말한다.

우리 헌법은 대통령제를 택하고 있으며, 부통령이 아닌 국무총리의 존재, 국무회의 제도 등 의원내각제 요소를 지니고 있으나, 대통령제를 변화시킬 내용은 아니다. 우리 헌법의 기관은 국회(제3장), 대통령과 행정부(제4장), 법원(제5장)으로 나누어지며, 추가로 헌법재판소(제6장)와 선거관리위원회(제7장)가 독립되어 있으나, 헌법재판소는 광의의 사법기관에 속하고, 선거관리위원회는 행정업무 중 선거사무에 독립된 것이라고 볼 수 있어, **3권분립의 원칙 기조**는 유지되고 있다. 단 대통령은 국가의 원수이며 국가를 대표한다(제66조).
- 헌법상 **'견제와 균형'장치**는 다음과 같다(헌법조항 순).

- 정부의 법률안 제출권(제52조)
- 대통령의 법률안 거부권(재의요구권, 제53조)
- 정부의 예산편성권, 국회의 의결권(제54조). 국회는 정부의 동의없이 지출예산을 증액하거나 새 비목을 설치할 수 없음(제57조)
- 정부의 국채 모집이나 예산외 국가에 부담될 계약 체결을 위한 국회의 의결권(제58조)
- 대통령(정부)의 조약 체결, 비준, 선전포고, 국군 외국 파견, 외국 군대 주류에 대한 국회의 동의권(제60조)
- 국회의 국정감사, 조사권(제61조)
- 국회나 국회 위원회의 국무위원 출석, 답변요구권(제62조)
- 국회의 국무위원 해임건의권(제63조)
- 대통령 등에 대한 국회의 탄핵소추권 및 헌법재판소의 탄핵심판권(제65조)
- 대통령의 긴급재정경제명령권 행사에 대한 국회의 승인권

(제76조)
- 대통령의 계엄선포에 대한 국회의 해제요구권(제77조)
- 대통령의 일반사면에 대한 국회의 동의권(제79조)
- 대통령의 국회 출석 발언권, 서면 의견 표시권(제81조)
- 대통령의 국무총리 임명 전 국회의 동의권(제86조)
- 대통령의 대법원장 지명, 대법원장과 대법관에 대한 국회의 동의권, 대법원장과 대법관에 대한 대통령의 임명권(제104조)
- 법원과 헌법재판소의 행정 및 입법에 대한 사법심사(judicial review) 권한(제107조, 제111조)
- 헌법재판소장에 대한 국회의 동의 및 대통령의 임명권, 헌법재판관에 대한 대통령의 임명권, 국회의 3인 선출권, 대법원장의 3인 지명권(제111조)
- 중앙선거관리위원회 위원에 대한 대통령의 3인 임명권, 국회의 3인 선출권, 대법원장의 3인 지명권(제114조)
- 헌법개정에 대한 국회와 대통령의 발의권, 국회의 의결 및 국민의 투표권(제130조)

※ 추가논의(5) <소위 '제왕적 대통령제' 문제>

우리나라의 대통령제에서 '제왕적 대통령제'의 폐해가 지적되곤 한다. 이는 대통령이 권력을 왕권과 같이 비제도적으로 행사하고, 제왕과 같이 국가와 법 위에 군림하는 현상을 말하며, 대통령에 의한 독선, 독주, 독단적인 정책결정과 정치권력의 사용을 의미한다(홍득표, '제왕적 대통령론: 그 특징과 원인을 중심으로'). 제왕적 대통령제(imperial presidency) 개념은 1973년 A. Scjlesinger가 동명의 책을 출간하면서 사용되었다고 한다. 특히 미국의 대통령이 전쟁을 수행하면서 일방적인 권한행사를 한 것을 지적하였다. 그런데 한국에서 상황은 그런 전쟁수행과 무관하며, 다른 요인에 의하여 '제왕적 대통령제를 개정해야 한다'는 문제가 발생하였다.

그런데 헌법 제도적으로만 볼 때, 우리나라 대통령의 권한은 제왕적인 것이라고 볼 수 없고, 위에서 보았듯이 국회의 '견제 장치'는 매우 치밀하며, 오히려 여소야대 상황에서는 대통령보다는 다수의석을 확보한 야당의 과도한 입법권력 행사가 문제될 수 있다. 다만 '대통령'(President) 명칭은 원어 president에 비해 과도한 번역이므로 개정될 필요가 있다.

제왕적 대통령제 문제는 주로 정치문화적 관점에서 접근이 가능하다. 즉, 권위주의적인 정치문화에서 대통령의 말이 마치 '최고의 율법'처럼 되고, 대통령의 권위에 도전하는 것이 용납되지 않고, 대통령의 뜻과 거슬리는 의견을 자유롭게 개진할 수 없는 경향을 경계해야 한다는 것이다. 이로써 입법, 행정, 사법 간의 균형이 상실되고, 여당의 운영과 공천에 개입하여 대통령이 정당과 국회까지 장악할 수 있고(여대야소의 경우), 장관들도 대통령 눈치만 보며, 사법부조차 대통령의 영향력을 벗어날 수 없게 된다(홍득표, 위의 논문).

대체로 우리 헌법에서 다음 5가지 변수를 기준으로 제왕적 대통령제 여부를 가늠할 수 있으며, 이 책에서는 그 기준만 제시하기로 한다. 다만 권위주의 정치문화에 대해서만 좀 더 언급하고자 한다.

대통령제의 변수	남용 사례

1	공무원 임면권 등 대통령의 권한 및 행사 방식	- 친소관계에 따른 공직 임명 - 의사결정의 비민주성, 권위주의 강화, 비판적 의견 개진 제한 - 측근과 지인의 비공식적 영향력
2	헌법기관 임명권(대법원장, 헌법재판소, 중앙선관위)	- 기관에의 적합성 아닌 정략적 임명
3	소속 정당 내 기능, 선거 관여	- 공천 등 정당운영 개입 - 당내 선거, 국회의원 선거 등에 영향력 행사
4	정부부처 운영 방식(준사법기관, 국세청, 감사원)	- 정부부처 자율적 약화, 대통령 의중 살피기 - 정적에 대한 비리조사나 보복적 조치, 수사권의 편파적 남용 - 언론 길들이기, 위축효과 주입 - 공권력의 사유화(私有化)
5	대통령 비서실 운영방식	- 비대한 운영[3] - 정부부처의 실권 대체, 측근 정치

---

[3] 대통령 비서실의 규모를 살펴보면, 규모가 지나치게 크고, 국회의 통제가 미치지 못하고 있다. 종전의 '대통령비서실 직제'(대통령령)를 보면, 대통령은 비서실장(장관급) 1명 외에 수석비서관(정무직, 차관급) 10명, 고위공무원단에 속하는 일반직 또는 별정직을 79명, 3급(상당) 또는 4급(상당) 공무원 108명까지 아무 통제 없이 임명할 수 있다. 이러한 정원은 대통령이 마음대로 늘릴 수도 있다. 문재인

우리 사회에 여전히 만연한 권위주의 문화에 대해서 좀 언급해 보자. 정치 영역뿐만 아니라 직장이나 사회, 가정에서 '가부장적인 권위'나 '갑질'이나 '괴롭힘'을 동반하는 차별적, 비민주적 성향이 광범위하게 존재한다. 학교에서 학생들 사이의 '따돌림'도 소심하거나 내성적 학생에 대한 권위주의적 가학적 심리, 집단주의, 관용의 부족, 차이와 다양성에 대한 인식 부족이 나타난다. 이 모든 문제의 해결책은 '인간의 존엄과 가치'에 대한 헌법적 인식의 확대이다. 헌법 제10조는 "모든 국민은 인간으로서의 존엄과 가치를 가지며, 행복을 추구할 권리를 가진다."고 규정한다. 사회와 국가 공동체 내에서 타인의 존엄성과 가치를 인정하는 것은 그것이 곧 나의 존엄성과 가치를 인정하는 것과 같다. 즉, 내가 그와 같이 대접받기를 원하는 것이다. 이것이 Kant가 인간을 '목적'으로서 대해야지 '수단'으로 취급해서는 안 된다고 말한 이유이다.

헌법은 개인의 자유와 평등에 기초한 자유민주주의, 대의민주주의, 법치주의, 권력분립주의를 채택하고 있으나, 현실적 정치문화에서는 '서열적'이고 '권위주의적'인 행태를 보여 왔다. 서구식 자유민주주의를 이념적 가치로 받아들였으나, 의회주의, 민주주의, 법치주의, 선거제도, 인권의 보장, 권력분립주의, 사법부의 독립 등이 형식적으로 작동하고, 실질에 있어서는 '비민주적'이고 '가부장적'인 '권위주의'의 정치문화의 유산이 작동하는 경향이 있다. 이는 서구에서 자유주의와 민주주의가 수백 년에 걸쳐 온 것과 달리, 우리는 조선왕조에서 일제의 침략을 거쳐 해방 후 갑자기 개인주의와 자유민주

대통령은 정책실장, 경제보좌관, 과학기술보좌관을 신설하고 종전 '1실장-10수석' 체제를 '2실장-8수석-2보좌관' 체제로 바꾸었다. 대통령 비서실 정원을 통제하고, 조직을 축소하는 것이 필요하다.

주의 전통의 서구식 정치제도가 이식(transplant) 된 것이 여전히 토착화의 과정에 있기 때문이다. 이런 정치문화에서 국민은 선거 때만 반짝 국가의 '주인' 행세를 할 수 있을 뿐, 정치인들과 국정으로부터 소외되기 쉽다{이명웅, '인간과 정치적 공동체', 현상과인식, 제41권, 3호(2017. 9.)}.

'권위주의'는 다음 특징을 지닌다. ① 권력구조에 있어서 정치과정의 경쟁원리가 무시되고 권력이 책임성과 대응성을 갖지 않으며, 지도자의 권한과 지위가 강화되고 행정의 우위 현상이 나타나며, ② 의회와 정당의 고유한 기능이 후퇴하고, 의원 개개인의 자율성에 바탕을 둔 민주주의보다 서열적이고, 획일화된 위계적 조직의 성격을 띠고, ③ 관료제가 정치적 중립성을 상실하고 통치세력의 지배도구로 기능하는 종속성을 띠게 되며, ④ 국가는 사회부문을 압도하는 높은 중심성을 향유하는데, 국가가 국민들의 자발적인 참여와 동의를 통한 지지를 확보할 수 없기 때문에 조합주의적 메커니즘을 통하여 사회부문을 조직화하고 통제하기 때문이며, ⑤ 사상과 이념의 획일화 내지 일원화를 추구하여, 극우 아니면 극좌라는 이분법적 양극논리가 선호된다(김호진, 『한국정치체계론』).

이런 정치문화 속에서는 자유'와 '평등성'과 '다양성'이 무시되고 '획일성'과 '위계질서'가 그 자리를 차지하게 된다. 권력의 담당자들이 '사익을 추구할' 개연성도 높아지게 된다. 국가의 공직은 엽관제로 변질되고, 더 이상 공무원이 '국민전체의 봉사자'가 아니라 특정 정권이나 정당의 봉사자가 된다. 이는 국가라는 정치적 공동체의 목적, 즉 공공선 추구가 특정 사인들의 이익 추구로 대체되고, 이를 위해 국가권력과 공조직을 동원하므로 국가의 존립 정당성 자체를 훼손한다. 공무원이 개인적 충성도와 사익 추구에 동원되면, 시간이 갈수록

'악화가 양화를 구축하고' 공직을 혼탁시키고, 이는 점진적인 국가의 쇠퇴를 초래하게 된다. 정경유착과 관치경제가 확산되고 기업은 더 이상 경쟁을 통한 시장지배력 확대가 아니라 정치와의 유착으로 혜택을 받고 불공정성을 조장하려고 들 것이다.

이러한 잘못을 바로 잡기 위해서는 무엇보다도 헌법의 규범력이 확대되어야 한다. 헌법의 중요성이 강조되어야 한다. 국민의 '헌법에의 의지'(Wille zur Verfassung)가 강해야 한다. 국민이 눈앞의 이익에 급급해 표를 흥정하는 정치인들의 포퓰리즘에 현혹되지 않아야 한다. 선거는 국가적 행위이다. 주권자가 노예가 되지 않아야 한다.

※ 추가논의(6) <권력분립제도의 개선안>

우리 헌법의 권력분립제는 상당히 갖춰져 있지 실은 구조적 문제점을 지니고 있다. 우선 유럽의 헌법과 미국의 헌법이 '혼합정부'(mixed government)론을 바탕으로 군주제, 귀족제, 민주제의 요소를 혼합하여 각 계층 간의 권력균형을 도모하고 권력남용을 방지하고자 한 헌법사에서 우리는 벗어나 있다.

미국의 경우 연방헌법 제정 시 헌법의 아버지들은 의회의 과도한 권력집중을 막기 위하여 하원을 2년 임기로 단축하고 국민의 직접 선거로 선출하지만, 따로 상원을 두고 마치 로마시대의 원로원처럼(이름도 같은 Senate) 중요한 국정활동을 하면서 입법을 신중하게 하려고 양원제를 채택하였다. 상원의원 100명은 각주에서 2명씩 파견되며, 그 임명방식은 각주가 결정하도록 하였다. 주요 선진국의 의회는 모두 양원제이다

(미국, 영국, 독일, 프랑스, 일본). 단원제는 신속한 입법이 가능한 장점이 있지만, 입법이 졸속으로 이루어질 개연성이 커지며, 거대 정당이 입법부를 장악할 경우 입법독재의 위험성이 커진다.

한편 미국 연방은 종신의 법관으로 구성된 연방대법원을 두고, 대법관은 대통령의 지명 후 상원의 인준을 거치도록 하였는데, 이는 귀족제 전통을 반영한 것이다. 영국의 경우 종전에 상원에서 별도로 대법원(House of Lords)을 구성했던 것 역시 귀족제 전통을 보여준 것이었다. 역사적으로 재판은 원래 국왕의 권한을 위임받은 귀족들이 행하던 것이었다. 이는 영국의 경우 뚜렷하다. 그것이 점차 판례법과 사법부의 독립성이 강화되면서, 귀족적인 요소가 빠지고, 전문적 직업 법관이 재판을 담당하게 된 것이다. 미국 연방대법원에서 9명의 법복을 입은 종신직 법관이 독자적으로 사법권을 행사한다. 그러나 재판관 임명에서 정치적 색채가 워낙 강하고, 이념적 지향에 따라 판결 내용이 결정되는 경우가 많아 연방대법원은 일종의 political court로 불릴 정도이다.

한편 군주제의 전통은 미국의 대통령제에서 볼 수 있다. 미국의 경우 애초에 독립전쟁을 승리로 이끈 George Washington의 지도자적 신망이 두터웠으며, 신생국으로서 외교에 단합된 목소리를 내고 연방의 구심점 역할을 할 지도자가 필요하였다. 이는 자연적으로 연방헌법 제정 시 대통령제로 연결된 것으로 보인다.

우리나라의 경우 입법이 지나치게 가볍게 졸속으로 이루어지는 경우가 많다. 그 구조적 개선방법은 다른 선진국처럼 양원제를 채택하는 것이다. 과거 1960년 제2공화국 시절에 양원제가 시도되었으나 군부 쿠테타로 인하여 단명으로 끝났고, 그 후 단원제가 계속되었다. 양원제를 하면 안 그래도 국민이 정치인을 불신하는 경우가 많은데 정치인만 양산되고 입법절차가 더 대립적으로 이루어지거나 효율적인 신속성이 저하될 수 있다는 단점이 있지만, 오늘날 법치국가에서 모든 사회적 중요 문제와 개선책은 모두 입법을 통하여 이루어진다. 따라서 국민의 자유와 권리, 경제질서의 국가적 경쟁력, 교육, 복지 등 모든 분야에서 신중한 입법이 요구되며, 양원제의 그 점에서의 장점은 다른 단점을 상쇄할 수 있다고 생각한다. 또 대통령제가 여소야대로 결합될 경우 발생하는 갈등은 양원제를 채택하고 있을 경우 완화될 소지가 있다. 또 헌법기관 임명에 있어서 양원이 관여하므로 헌법재판관이나 중앙선관위 위원 등 임명에 보다 정치적 이념대립이 완화될 수 있는 장점이 있다.

우리나라의 권력분립제도는 대체로 원만한 것이지만 제도적으로 결함을 안고 있는 부분도 있다. 몇 가지를 지적할 수 있는데, 우선 대법원장의 권한이 문제된다. 대법관을 대법원장이 추천하도록 한 것은 법원 내부에서, 또 권력분립의 차원에서 이해하기가 어렵다. 둘째로, 대법원장이 헌법재판관 3인을 지정하는 것도 납득하기가 어렵다. 중앙선거관리위원회 위원 3인을 대법관이 구성하도록 하는 것도 문제가 될 수 있다.

<대법원장의 대법관 제청권 문제>

대법원장은 대통령이 지명하여 국회의 동의를 얻어 대통령이 임명한다. 대통령의 국가원수로서의 지위에서 그것은 타당성이 있다. 그런데 대법관은 대법원장이 제청하고 국회의 동의를 얻어 대통령이 임명한다(제104조 제2항). 대법원장이 제청한 사람만이 대법관이 될 수 있다. 이는 사실상 대법원장이 누가 대법관이 될 사람인지를 그 후보자를 결정하는 시스템이다. 이는 매우 가부장적인 법원 조직을 만들 가능성이 있다. 하급심 판사들은 대법원장 눈치를 보게 될 것이다. 왜냐하면 대법원장에게 잘 보여야 대법관 후보가 될 수 있기 때문이다. 이는 법원의 관료화를 초래할 뿐 아니라, 하급심 판사들이 소신껏 대법원의 판례를 재고하지 못하게 하는 요인이 될 수 있다. 또 문제는 대법원장은 대법원 재판에서는 한 구성원에 불과한데, 대법원장의 제청으로 대법관이 된 법관들은 사실상 그 대법원장과 대립되는 법리나 주장을 전개하기가 어렵다. 이 역시 대법원의 관료적 문화를 확산하는 것이 될 수 있다. 그러므로 권력분립제도와 견제와 균형의 원리의 관점에서 대법원장의 대법관 제청제도는 다른 기관의 관여가 필요하다. 국회가 동의하고 대통령이 임명하는 것만으로는 부족하다. 애초에 대법원장에게 지명되지 못한 사람은 영원히 대법관이 될 소지가 없어지기 때문이다.

또 권력분립적 측면에서 대통령이 권위적이거나 자의적일 경우 자신의 친소관계에 따라 대법원장을 지명하고 국회의 동의를 받아 임명하면, 그 대법원장이 대법관을 제청할 때 대통령의 의중이 고려될 수 있다는 문제가 있다. 이는 대통령이 대법원에 과도한 영향력을 행사할 수 있게 되는 것이다.

따라서 대법원장이 대법관을 제청하는 제도는 좋은 것이 아니다. 비록 그것이 법원을 외부의 간섭없이 독립적으로 구성하는 데 이바지하더라도, 위에서 본 다른 문제들이 크다. 대법원장의 대법관 제청 제도는 개선되어야 할 것이다. 그것은 법원 내부에서 관료적 조직행태를 강화하고, 독립적이어야 할 법관들이 대법원장과 대법원의 눈치를 보게 만들 수 있는 것이다. 그러면 헌법과 법률과 양심에 따라서 재판해야 할 법관에게 법원 내부적 고려가 개입될 수 있는 것이다. 대법원이 당해사건을 파기할 때 갖는 기속력의 범위를 넘어서 사실상 하급심의 재판 태도를 좌지우지할 수 있는 것이다. 이는 법관의 독립성을 저해할 수 있고, 그 피해는 재판청구권의 주체인 국민이 볼 수 있다. 대법원 판례도 잘못될 수 있는데, 잘못된 것으로 보이는 대법원 판례를 하급심에서 다투는 것이 사실상 요원해질 수 있기 때문이다(하급심은 대법원 판례를 비판하기 사실상 어려울 것이다. 특히 대법관을 꿈꾸는 고등법원 판사들은.). 다른 나라의 입법례를 참고하되, 대법관 임명에 있어서 대법원장이 제청하는 제도는 하루빨리 재고되어야 할 것이다.

<헌법재판관 임명제도>

헌법재판은 매우 정치적 속성을 지니고 있다. 그럼에도 불구하고 헌법재판소는 광의의 사법기관에 속한다. 사법적 분쟁 해결을 하기 때문이다. 이는 그만큼 재판관들의 주관적 의견이 개입될 소지가 크다는 것이다. 헌법 자체의 추상성과 가치 지향성 때문에 많은 헌법규정은 해석의 스펙트럼이 넓다. 그리하여 정치권에서는 재판관 임명에서 자신들의 이념과 취향에 맞는 사람을 임명시키려는 의욕이 매우 강하다. 헌법재판이 지닌 파급력 때문이다.

임명된 재판관들이 스스로 정치적 중립성과 독립성을 지키면 좋겠지만, 애초에 그런 사람들이 임명되기 어려운 구조라면 문제이다. 지금의 대통령 지명 및 임명 재판관 3인, 국회 선출 3인, 대법원장 지명 3인 구성방식(헌법 제111조)은 문제가 많다.

우선 대통령이 속하는 여당과 위에서 보았듯이 대통령이 대법원장에게 미칠 수 있는 영향력을 감안하면, 재판관 과반수가 대통령 취향에 맞는 사람들이 임명될 소지가 있다. 국회의 경우도 정당 간 나눠먹기 식으로 자신들이 선호하는 재판관을 선출하면 사실상 헌법재판의 정치적 중립성은 훼손될 개연성이 크다. 나아가 대법원장이 헌법재판관 3인을 지명하는 제도는, 민주적 정당성도 없고, 대법원장이 마치 대법관이 되지 못할 법관들을 헌법재판소에 앉힘으로써 대법원과 헌법재판소의 위상관계를 흐트러 뜨릴 가능성이 있다. 또 헌법재판은 법원의 재판과 법해석에 있어서 차이가 날 수밖에 없는 구조이므로(법원이 합헌으로 해석한 법률조항을 헌법재판소가 위헌으로 선언하는 경우가 비일비재하다), 과연 대법원이 헌법재판관 인선에 관여하는 것이 헌법재판의 독립성을 보장하는 것인지 의문이다.

독일의 경우 의회에서 2/3가 동의하여야 헌법재판관을 임명할 수 있다. 이는 정치적 중립성을 보존하는 좋은 제도이다. 적어도 2/3의 의원들이 동의할 정도의 인물이라면 특정 정치세력에 편향된 재판관 후보자가 아닐 가능성이 많다. 독일에서 재판관의 정치적 판결 문제가 붉거지지 않는 것은 그러한 재판관 선임방식 때문으로 보인다. 반면 미국의 경우 대통령이 누구냐에 따라서 또 재판관을 인준할 상원의 구성이 어느 정당이 다수이냐에 따라서 극심하게 정치적 색깔이 나누어진다. 더구나 연방대법원의 재판관(대법관)은 종신이다. 그러므로 대통령과 상원의 다수당은 대법관의 선정에 매우 민감하며, 실제로 연방대법원의 판결을 보면 정치적 임명방식에 상응하게 대법관들이 줄을 서는 경우가 많다. 과연 그렇게 최고 법원이 정치적으로 영향받을 결정을 한다면 과연 독립된 사법기관을 둘 필요성이 있는지 의문이 제기된다. 의회를 우회하는 또 다른 정치기구에 불과하며 더구나 국민이 선출한 사람들도 아니기 때문이다.

우리나라 헌법 개정 시 헌법재판관 임명은 독일처럼 국회의 2/3이 동의한 경우로 단일화하는 것이 바람직하다. 또 헌법재판관의 자격을 법관으로 한정하는 것은 좋은 제도가 아니다. 헌법재판의 국사적 성격과 헌법이 지닌 국민의 법상식과 정의관념은 헌법재판에서 고도의 헌법전문가를 필요로 하는 것 아니다. 그러므로 자격 요건을 개방하여야 할 것이다.

<중앙선거관리위원회 위원 임명제도>

최근 중앙선관위가 과연 국민의 선거권을 제대로 보장하고 있는지, 취약한 선거관리시스템으로 부정선거의 가능성을 지니고 있지 않은지 의문이 제기되고 있다. 중앙선거관리위원회가 헌법상 독립된 헌법기관으로 자리잡은 이상 그 위원들은 독립적이고 전문적인 사람들로 구성되어야 할 것이다.

여기서 대법원장이 대법관을 포함하여 법관들을 중앙선거관리위원회에 파견하여 겸직하게 하는 제도는 개선되어야 한다. 첫째, 중앙선거관리위원회는 상실적이고 전문적인 선거관리 혹은 선거제도 개선 업무가 필요한데, 외부에서 파견되어 겸직이 되는 시스템은 부적절하다(대법관 중 한명이 중앙선거관리위원회 위원이나 위원장을 맡는 관행이 있다). 최근 문제된 광범위한 선거관리위위원회의 부정 채용 문제도 조직의 수장이 외부에서 파견되어 비상설로 근무하는 조직환경과 무관하지 않을 것이다. 둘째, 대부분의 선거소송이 대법원에서 최종 결정되는데, 대법관 출신이나 법관이 중앙선거관리위원회에 소속되어 있으면 '자신이 행한 업무에 대하여 자신이 재판하는 사태'가 초래될 수 있으므로 바람직하지 않고, 국민의 선거재판에 대한 신뢰를 얻기도 어렵다.

따라서 중앙선거관리위원회 위원도 국회에서 2/3의 동의를 얻어 임명하는 방식이 바람직하다고 본다. 대통령은 정부의 수반이고 선거에 밀접한 관련성이 있으므로, 대통령의 3인 지정권한은 폐지하고, 국회가 가중다수의 합의체 결의로서 인선하는 것이 바람직하다.

<국회의원의 장관 임명 문제>
헌법은 국회의원의 장관 겸직 여부에 대하여 규정하지 않으나 국회법 제29조는 의원이 국무총리나 국무위원 직을 겸직할 수 있는 것으로 규정하고 있다. 보수우파 정부든 진보좌파 정부든 간에 국회의원이 장관을 겸직하는 예가 계속되고 있다. 그러나 이는 기본적으로 대통령제를 채택한 우리 헌법에서 권력분립원칙에 부합되지 않는 것으로, 헌법에 허용 규정이 없는 이상, 헌법취지에 배치되므로 국회법 조항은 개정되어야 한다.

국회의원이 장관(국무위원)을 겸직하는 것은 구체적으로 다음 문제가 있다. 첫째, 국회와 행정부 간의 권력분립과 견제와 균형의 원칙에 정면으로 어긋난다. 때로는 국회의 입장과 행정부의 입장이 대립될 때가 있는데 이해충돌 문제가 발생한다. 둘째, 대통령이 국회의원을 장관으로 임명하는 관행은 국회의원과 소속 정당에게 대통령이 부당한 영향력을 줄 수 있고, 장관직을 선호하는 국회의원들에게는 대통령의 의중을 거스리지 않는 의정활동을 할 소지가 있어, 국회의원의 자율성과 독자성에 부합되지 않는다. 셋째, 국회의원이 장관직을 해야 장관직의 전문성이나 책임성이 더 보장된다고 볼 수도 없다. 오히려 공직의 전문성과 독립성을 해칠 수 있다. 넷째, 행정 각 부는 정치적 중립성을 지녀야 마땅한데, 장관이 국회의원일 경우 정치적 중립성을 기대하기 어렵다. 다섯째, 장관으로서 직무전념의무를 기대하기 어렵다. 국회 일정이 있으면 정족수를 채워주기 위해서 장관이 국회 안건 의결에 참여하는 예가 드물지 않다. 여섯째, 국민은 국회의원을 선출할 때 국회 업무에 전념하는 것을 전제하였다고 볼 수 있는데, 행정부 일을 하는 것까지 정치적 신임(trust)을 받았다고 볼 수 있는지 의문이다. 칠곱째, 국회의원으로서 직무전념의무가 명백히 훼손된다. 여덟째, 국회의원인 장관은 선거에 출마하기 위하여 장관직을 그만둘 수 있으므로 정부 각 부의 리더십에 있어서 계속성이 손상되는 경우가 많다. 아홉 번째, 국회의원인 장관들은 장관 재직 중 자신의 정치적 신망을 확대하려는 정책결정과 집행, 보여주기식 행정에 치중할 개연성이 크고, 그것은 각 부에서 원래 시행해야 할 정책이 후순위로 몰릴 수 있게 되는 것이다.

이러한 문제점을 상쇄할 만큼 국회의원을 장관으로 임명하여야 할 장점이 더 크다고 볼 수 없다. 따라서 결론적으로 국회법 개정 전이라도 국회의원을 장관으로 임명하는 관행은 금지되어야 할 것이다.

※ 추가논의(7) <정당과 헌법질서 -국가보조금 문제>

헌법은 국회의원이 국민전체의 국가이익을 우선하도록 하고 있으나 현실적으로 국회의원이 소속 정당의 거수기 노릇을 하는 경우가 많다. 미국 헌법 제정시 헌법의 아버지들은 의회 내에 파벌(fraction)이 형성되는 것을 경계하였으며, 당시에는 정당도 없었다. 정당 제도는 역사적으로 자연스럽게 발전되어 왔으나, 그것은 헌법질서와 민주주의에 커다란 위협으로 인식되었다. 오늘날 헌법은 정당을 하나의 정치제도로 수용하지만(헌법 제8조), 정당이 당내민주주의를 실질적으로 확보하기 전까지는 여전히 헌법질서에 부정적 영향을 끼칠 위험성이 매우 높다{이명웅, '헌법 제8조(정당조항)의 양면성', 헌법논총 제13집(2002)}.

국회의원이 정당의 꼭둑각시처럼 도구화된다면 이는 헌법질서에 명백히 반한다. 의원이 정당의 당론에 반대하는 투표를 했다고 의원을 내부적으로 제재하는 경우도 있다(예, 더불어민주당에서 금태섭 의원의 경우). 이는 헌법질서에 부합하지 않는다. 당론의 관철도 정당 입장에서는 필요하나, 의원 개인의 주관적 의사결정에 대해서 공식적으로 제재를 가할 수는 없다. 국회의원은 헌법기관인 반면, 정당은 사적 결사체에 불과하기 때문이다. 의원의 상임위원회 소속 문제도 그렇다. 본인의 동의 없이 소속될 상임위원회를 정당 지도부가 마음대로 옮기는 것 역시 문제가 있다. 헌법재판소가 과거 김홍신 의원 관련사건에 대해서 헌법적으로 용인해준 것은 잘못된 결정이다. 그 결정에서 헌법재판소는 당론과 다른 견해를 가진 소속 국회의원을 당해 교섭단체의 필요에 따라 다른 상임위원회로 전임(사.보임)하는 조치는 특별한 사정이 없는 한 헌법상 용인될 수 있는 "정당내부의 사실상 강제"의 범위내에 해당한다고 결정하였다(헌재 2003. 10. 30. 2002헌라1). 그러나 국회의원의 헌법적 지위가 정당 내의 지위보다 헌법적으로 우선되어야 마땅하다.

가장 큰 정당의 문제는 헌법 제8조 제3항이라고 본다. "국가는 법률이 정하는 바에 의하여 정당운영에 필요한 자금을 보조할 수 있다."는 규정이다. 헌법을 '할 수 있다'고 되어 있지만, 자금을 받는 국회의원들이 이를 마다할 리 없고 법률로써 분기별로 수십억원의 보조금과 선거 때의 수십억원의 선거보조금이 주요 정당에 의석수에 따라 지급되고 있다. 이러한 보조금 지급은 다음 문제를 지니고 있다. 첫째, 우리나라에서 정당에 대한 국민의 신임은 매우 약하고 정당민주주의 수준도 의문이 제기되는 상황에서, 국민의 세금을 정당에게 지급하는 것이 과연 정당한가? 그만큼 정당이 국가에 중대한 역할을 해 왔는가? 둘째, 이러한 보조금 지급제도는 정당의 자생력을 매우 약화시킨다. 정당은 기본적으로 당원들의 당비와 정당의 취지에 동참하는 개인이나 법인의 기부금으로 운영되어야 하는데, 국가의 과도한 지원은 그러한 정당 당원의 참여를 저하시키는 역효과를 발생시킨다. 이는 오히려 당내민주주의에 역행하는 결과를 국가가 보조금 지급으로써 만들어 내는 것이다.

그러므로 헌법개정 시 제8조 제3항의 위 문구는 삭제되어야 할 것이다. 헌법개정에서 정당 소속 국회의원들이 아닌 국민의 목소리가 이 점에서 주도적 역할을 해야 할 것이다. 그렇지 않는다면 '누가 고양이 목에 방울을 달 것인가'라는 문제가 초래하는 악순환이 지속될 것이다.

(4) 자본주의 시장경제

자유 중에서도 경제활동의 자유가 고전적 자유주의의 기본 내용이고, 이는 이윤을 찾아 재산을 획득하여 사용·수익·처분하려는 자유이다. 우리 헌법은 경제민주화 개념도 사용하나 '자본주의 시장경제질서'를 기본으로 채택하고 있다.

> **헌법 제119조** ①대한민국의 경제질서는 개인과 기업의 경제상의 자유와 창의를 존중함을 기본으로 한다.
> ②국가는 균형있는 국민경제의 성장 및 안정과 적정한 소득의 분배를 유지하고, 시장의 지배와 경제력의 남용을 방지하며, 경제주체간의 조화를 통한 경제의 민주화를 위하여 경제에 관한 규제와 조정을 할 수 있다.

이 조항의 해석에서 헌법재판소는, "헌법 제23조 제1항 전문은 '모든 국민의 재산권은 보장된다.'라고 규정하고, 제119조 제1항은 '대한민국의 경제질서는 개인과 기업의 경제상의 자유와 창의를 존중함을 기본으로 한다.'고 규정함으로써, 우리 헌법이 사유재산제도와 경제활동에 관한 사적자치(私的自治)의 원칙을 기초로 하는 자본주의 시장경제질서를 기본으로 하고 있음을 선언하고 있는 것이다. 이는 국민 개개인에게 자유스러운 경제활동을 통하여 생활의 기본적 수요를 스스로 충족시킬 수 있도록 하고 사유재산의 자유로운 이용·수익과 그 처분 및 상속을 보장해 주는 것이 인간의 자유와 창의를 보장하는 지름길이고 궁극에는 인간의 존엄과 가치를 증대시키는 최선의 방법이라는 이상을 배경으로 하고 있는 것이다."(헌재 1997. 8. 21. 94헌바19등)라고 하였다.

인간은 아주 옛날부터 이득과 이윤을 찾아 경제활동을 해왔다. 생필품의 물물교환도 그 일환이라고 볼 수 있다. 지리산에는 '장터목'이 있는데, 그 깊은 산 속에서 실제로 장이 열렸다는 표지판을 보고 놀란 적이 있다. 인간이 사회생활에서 이득과 이윤을 찾아서 삶을 영위하는 것에 자본주의도 그 하나일 뿐이며, 다만 대규모이고 고용노동자가 포함되었으며, 이윤이 매우 크다는 것이 차이점일 뿐이다.

그런 개인의 경제활동이 생산과 고용과 부를 창출한다. 이 점은 A. Smith가 국부론에서 명확히 밝힌 것이다. 인간은 이윤을 찾아 수만리의 육상 실크로드와 해상 실크로드를 오갔다. 목숨을 건 여정이었을 것이다. 그 명확한 목적은 돈(재물)을 벌기 위해서이다. 예를 들어, 17세기에 고기와 생선에 뿌리는 향료 육두구(nutmeg) 열매 한 자루가 인도네시아에서는 10,000원이면, 암스테르담에서는 2,500,000원에 판매되었다고 한다. 유럽의 누군가가 기꺼이 고난을 감수하고 이를 수입하려고 인도네시아로 가지 않았겠는가?

개인의 '이윤추구 동기'는 인간의 본성이다. 자본주의는 이의 다른 이름일 뿐이며, 산업혁명 이후에 공장과 노동자를 동원한 것에 차이가 있을 뿐이다. 그것이 '부익부 빈익빈', 상인의 매점매석과 독점, 자본가의 노동자 착취를 초래하였지만, 이기적인 인간성을 변경시킬 수 없는 한, 이를 교정하는 것은 국가가 개입한 '공정한 경쟁질서'의 회복이지 사회주의가 말하는 '자본주의의 폐지'가 될 수 없다. 이 점에서 우리나라에서 자본주의에 대하여 적개심을 가지도록 교육이 이루어지고 있는 것은 문제가 있다. 진보좌파 이념성이 매우 강한 지금의 40대는 전교조 등을 통하여 그런 교육을 받지 않았을까.

사회주의를 추구하는 중국과 러시아가 오늘날 경제적으로 부강해진 이유는 어디에 있는가. 그것은 자본주의를 부분적으로나마 도입하였기 때문이다. 중국과 러시아에서 소득양극화가 심화되었지만 오늘날 세계적인 경쟁력을 가지고 AI, 로봇산업, 반도체, 조선 등에서 발전을 이룬 것은 모두 자본주의 경제 덕분이다. 마윈(馬雲, Jack Ma)이 중국에서 Alibaba 기업을 성공시킨 것도 그가 슘페터가 말한 '자본주의 기업가 정신'을 지니고 있었기 때문이다.

자본주의가 초래하는 소득불평등 문제와 노동자 착취 문제는 교정되어야 하지만, 자본주의를 배제하는 쪽으로 경제를 운영하는 것은 결코 현실적 대안이 될 수 없다. 오히려 더 큰 경제적 파국을 초래하면서, 자원의 비효율화, 관료주의의 강화만 초래하게 될 것이다.

사회주의는 개인의 경제활동의 자유를 인정하지 않고, 시장을 불신하며, 국가가 '계획경제'로 모든 사람이 잘 살 수 있다고 주장한다. 이는 이념적 오류이며, 인류 역사를 이해하지 못한 것이고, 역사적으로 사회주의를 주장하는 것이 오히려 공산당 권력 집중과 남용과 독재를 가져오고, 경제를 침체시켰다. 사회주의가 도덕적 정의를 내세우는 것은 인간사회의 경제질서에 맞지 않다. 인간은 기본적으로 이기적인 존재이며 (유전자가 이기적이건 간에) 이기적인 사람들이 모여 사는 공동체의 경제는 특정 사람들의 계획으로는 도저히 질서가 유지될 수 없다. 계획경제로 될 수 있다는 사회주의적 주장은 인간의 능력을 과신한 것으로서 한마디로 오만한 것이다. 오늘날의 대한민국 자본주의는 선택적 복지와 병행되는 수정자본주의이고, 헌법 제117조 제2항은 이 점을 규정하고 있다.

<사회주의 경제질서의 문제점>
1) 인간의 본성인 '자유'의 가치를 무시한다.
2) 사회주의자들이 추구하는 '평등'은 '가진 자'와 '가지지 못한 자'를 편가르는 후자의 평등일 뿐이다. 이는 대상을 한정하므로, 민주주의에 부합하지 않는 것이다.
3) 사회주의의 계획경제와 평등의 강조는 필연적으로 인위적인 국가권력의 독점과 집중을 가져온다. 이는 근대 헌법

의 '권력의 분립과 권력의 합리적 통제' 취지에 반한다.

   4) 정부가 공평과 사회정의를 내세워 시장에 적극 개입하는 것은 부작용이 매우 크다. 기업경영의 자유와 창의를 제약하며, 생산력을 떨어뜨려, 결국 경제를 침체시킨다. 이는 결코 국민이 바라는 결과가 아니다.

   자본주의 시장경제의 부작용을 침소봉대해서 사회주의식 계획경제로 변화시킬 수는 없다. 정부의 기본 역할은 '사적 자치와 자본주의 시장경제질서'를 존중하면서 '공정한 경쟁질서'가 이루어지도록 감시·감독하는 것이다. 우리 헌법의 경제질서는 '사회적 시장경제'이다. 이는 사회주의와 전혀 다르며 자본주의 시장경제를 보완한 것일 뿐이다. '사회적 시장경제'의 모태가 된 독일의 '질서자유주의(Ordo-Liberalismus)'를 살펴보면 이를 알 수 있다.

   질서자유주의는 '개인의 자유가 최우선의 규범적 원리임을 강조하고 경쟁을 통한 시장경제가 가장 바람직한 경제질서임을 인정하며, 다만 이는 자유방임이 되어서는 안 되고 독점·카르텔·기득권을 유지하려는 사적(私的) 권력에 의한 경쟁의 왜곡에 대하여 국가가 적극적으로 경쟁질서를 확립·수호하여야 한다는 것'이었다. W. Eucken은 1949년에 다음과 같이 말하였다(김성구, '사회적 시장경제론 비판,' 이론, 1995년 겨울호에서 인용).

> '인간과 사물에 조응하는 (경제)질서'와 이를 위한 경제정책의 원리를 구해 볼 때, 자유방임의 제한과 폐해에도 불구하고 시장경제에서만 인간과 사물의 본질에 조응하는 질서를 찾을 수 있으며, 자유방임의 폐해들은 시장의 특정한 형

> 태 또는 화폐질서와 관련된 것으로서 경쟁질서 형태에서 지양(止揚)될 수 있는 성격의 것으로 파악된다.

F. Böhm은 다음과 같이 '정제(精製)된 자유시장경제'를 말하였다(김영희, '헌법상의 경제기본질서-독일을 중심으로-,' 공법학회 제31회 학술발표회 자료집(1992. 10.)에서 인용).

> 경제가 권위적으로가 아니라 가격제에 의해 자율적으로 규율될 때 국민의 자유가 이상적으로 실현되고 참여민주주의 토대가 마련된다. 가격제는 명령과 복종, 법적 의무나 강제력을 동원함이 없이 수억의 계획들을 조화시켜 나가는 기적을 창출해 내는 경제의 원동력이다. 그런데 시민의 민주주의적 자유는 사적인 시장경제 주체들로부터도 위협받을 수 있다. 경제적인 힘이 집중된 자들은 자신의 경제에 대한 영향력을 통해 시장질서를 위태롭게 하며, 더 나아가 경제적 영향력을 바탕으로 획득한 정치적 영향력을 통해 국가의 민주주의적 의사형성과정을 위태롭게 한다. 따라서 국가는 사전에 경제세력의 집중을 방지하고 기존의 독과점세력을 분산시키거나 자신의 통제하에 둘 의무가 있다. 나아가 경제를 규율하는 법들은 자유경쟁이 엄격하고 구속력있는 규칙에 따라 행해지도록 경제를 규율할 것이 요청된다. 그런데 국가의 모든 활동은 언제나 경제의 틀을 형성하는데 그쳐야 하며, 따라서 경제의 질서형태(Ordnungsformen der Wirtschaft)를 정하는데 이바지해야지, 경제 과정들을 교정할 목적으로 행해져서는 안 된다.

이러한 질서자유주의, 사회적 시장경제 이론은 우리 헌법

제119조의 취지에 부합하는 것이며, 따라서 '개인의 자유와 창의'에 바탕을 둔 자본주의 시장경제질서가 원칙이고, 이를 보완하고자 국가는 '공정한 경쟁'을 유지하기 위하여 '규제와 조정' 권한 및 의무를 지니는 것이다(이명웅, '한국헌법의 자유주의 이념,' 법학박사논문).

※ 추가논의(8) <계획경제와 분배정의 문제 -F. A. Hayek 의 관점>

경제활동의 자유는 모든 정부활동의 부재가 아니라 법률 하의 자유를 의미한다. 정부의 모든 강제력은 개인으로 하여금 일정한 확신을 가지고 자신의 계획을 세울 수 있도록 하고 가능한 한 인간적 불확실성을 줄여주는 영구적인 법률적 틀에 의해 분명하게 결정되어야 한다(하이에크 저, 김균 역, 『자유헌정론II』. 이하 내용도 그 책 인용).

정부활동이 바람직한 영역이 존재한다. 개개의 수익자에게 대가를 청구하는 것이 불가능하거나 어렵기 때문에 경쟁적 기업이 제공할 수 없는 모든 서비스들이 이에 속한다. 대부분의 공공보건 및 의료서비스, 도로의 건설과 유지, 도시거주자들을 위한 위락시설 등이 포함되고, 국가안보상의 비밀을 유지하고 지식의 발전을 제고하기 위한 활동도 그러하다. 한편 정부가 국영기업에 제공하는 보조금을 포함한 모든 특별이익은 그와 경쟁하는 사적 주체들에게도 사용 가능해야 한다.

필연적으로 사람들간의 차별을 수반하기 때문에 배제되는 정책수단이 있다. 다양한 서비스나 상품을 누가, 어떤 가격에, 얼마나 공급할 것인가에 대한 정부의 결정은 배제되어야 한다.

생산을 효율적으로 이끌 수 있는 장기적인 정부의 준칙에 따라 가격을 고정하는 것은 불가능하다. 적정가격은 끊임없이 변하고 지속적으로 조정되어야 하는 상황에 의존한다. 따라서 행정기구에 무엇을, 누가, 누구를 위해 생산할지권한을 부여한다는 것은 자의적으로 결정할 권한을 주는 것이다.

분배적 정의는 모든 자원이 중앙기구에 의해 배분될 것을 필요로 한다. 그것은 사람들이 해야 할 일과 그들이 복무해야 할 목적을 말해준다. 분배적 정의가 목적인 곳에서는 상이한 개인들이 해야 할 일에 관한 결정이 일반준칙에서 나오는 것이 아니라 계획당국의 특정한 목표와 지식에 의해 이루어진다. 계획당국은 본성상 차별적이고 재량적인 행위를 선호한다. 그러한 정의감은 전체주의 국가의 자의성으로 나아가기 십상이다. 사회주의적 공동체에서는 모든 법은 행정으로 전화되는 경향이 있다. 즉, 모든 고정된 준칙은 재량과 효용의 고려로 전화되는 것이다.

계획경제와 소득재분배를 강조하는 강조하게 되면 필연적으로 국가권력이 비대해진다. 이는 자유주의가 전제한 '제한정부'론을 벗어나게 된다. 토마스 제퍼슨은 다음과 같이 말했다. "자유로운 정부는 신뢰가 아니라 질투 속에서 세워진다. 우리가 권력을 위임해야 하는 사람들을 묶어두기 위해 헌정상의 제한을 규정한 것은 질투이지, 신뢰가 아니다 …따라서 우리의 헌법은 우리의 신뢰가 부여되는 한계를 정한 것이다."

2. 진보좌파 이념에서 '자유'의 실종 문제

진보좌파는 자본주의 시장경제가 미치는 노동자 착취, 부익부 빈익빈, 소외 계층 문제를 타파하고 국가가 적극 개입하여 계획경제로서 시장경제를 규제하고, 보편적 복지정책을 펼치며, 소외계층과 소수자보호를 위해 노력하고, 여성인권, 생태환경 등을 강조함으로써 평등과 정의를 실현한다는 주장을 한다. 통일 문제를 민족적 화합의 측면에서 접근하고 북한에 대하여 우호적인 태도를 보이는 경향이 있다.

그들은 이것이 더 도덕적이고 타인에 대한 배려심을 보이는 것이므로, 이에 비교되는 보수우파의 개인주의, 자본주의, 자유주의 속성보다 자신들이 우월하다고 생각한다. 많은 국민이 이러한 '인간적 외향'을 보이는 진보좌파 이념에 경도되어, 자본주의를 백안시하고 보수우파 이념이나 행태를 경시하는 태도를 보인다. 특히 40대가 그러하다고 보인다.

보수우파와 진보좌파로 구분된 이념적 지지자들 사이에 서로를 '적과 동지'로 편 가르며, 지나친 팬덤을 형성해 강성 지지층이 그들의 여론을 좌우하고, 심지어 무엇이 사실(facts)인지도 상관없이, 자기편 주장은 진위나 당위를 따지지 않고 무조건 지지하는 경향은, 매우 위험한 현상이다. 이런 식이면 심지어 통계나 여론조사도 왜곡될 수 있다.

우리나라에서 진보좌파 이념의 주창자들은 '자유'를 경시하거나 '평등'을 앞세우는 위험성을 지니고 있다. 이 점을 깊이 관찰해보아야 한다.

오늘날 서구의 자유민주주의를 세운 문명의 원칙은 '자유'이다. 자유주의는 원래 도시에서 경제활동을 하던 자유주의자들의 이념이었으며, 보통선거제도를 향한 민주주의자들의 요구를 받아들여, 오늘날 자유민주주의(liberal democracy)로서 결합되었다. 이는 민주주의가 가져올 수 있는 '자유'의 희생을 방지하려는 것이다. 민주주의와 다수결이기만 하면 무엇이든 할 수 있다면 기업경영의 자유나 부자들의 재산은 민주주의적인 방식의 억제나 재분배를 통해서 박탈될 수 있다. 따라서 국가 목표로서의 자유민주주의는 '자유의 보장'을 강조하는 민주주의이다.

Mill은 『자유론』에서 다음과 같이 말한다. "인간의 삶이 어떤 특정인 또는 소수 사람들의 생각에 맞춰져 정형화되어야 할 이유는 없다. 누구든지 왠만한 정도의 상식과 경험만 있다면, 자신의 삶을 자기 방식대로 살아가는 것이 가장 바람직하다. 그 방식 자체가 최선이기 때문이 아니다. 그보다는 자기 방식대로 사는 길이기 때문에 바람직하다는 것이다." 그러면서 자유를 정치적 권력의 한계장치로 설정하였다. "… 사람들은 자기 나라를 온전히 지탱하기 위해 최고 권력자가 행사할 수 있는 힘의 한계를 규정하고자 했다. 그러면서 권력에 대해 제한을 가하는 것을 바로 자유(liberty)라고 불렀다. 권력을 제한하는 방법에는 두가지가 있다. 첫째, 정치적 자유 또는 권리라고 하는 어떤 불가침 영역을 설정한 뒤, 권력자가 이를 침범하면 그 의무를 위한 것으로 간주해서, 지배를 당하는 사람들이 저항권을 행사하는 것을 정당한 것으로 인정한다. …"

밀은 "인간은 그 본성상 모형대로 찍어내고 그것이 시키는 대로 따라하는 기계가 아니다. 그보다는 생명을 불어넣어 주는 내면의 힘에 따라 온 사방으로 스스로 자라고 발전하려 하는 나무와 같은 존재이다."라고 표현하였다.

중국 당나라 때 나무를 잘 심는 곽탁타라는 사람의 일화가 있다. 그가 심거나 옮긴 나무는 뿌리가 잘 붙을 뿐 아니라 자라면서 가지가 무성하고 열매도 일찍부터 많이 달렸으므로, 장안의 부호가 조원을 하거나 과수원을 할 때 그를 불렀다. 하루는 유종원이란 당나라 문장가가 그 비결을 물었더니, 곽탁타는 다음과 같이 대답했다.

"전들 나무가 하늘로부터 부여된 수명을 늘리거나, 나무가 그 천성으로 지닌 이상으로 열매를 맺게 하는 것은 아닙니다. 다만 나무의 천성을 보호해서 그것이 잘 표현되게 할 뿐입니다. 나무를 심을 적에, 그 뿌리는 사방으로 뻗어나가기를 원하고, 흙이 고루 평평하게 덮이기를 원하고, 또한 정든 흙을 좋아합니다. 그렇게 해준 다음에는, 나무를 흔들어 보거나 땅을 너무 다지거나 하지를 않고, 안심하고 그 자리를 떠납니다. 다시 말하면, 저는 무슨 특별한 방법이 있는 게 아니고, 나무의 천성을 해치지 않도록 적당하게 조심을 할 뿐입니다. 그런데 다른 사람들은 그렇게 하지를 않습니다. 어떤 경우에는 지나치게 염려를 해서 다루는 결과로 오히려 나무를 해치는 예가 있습니다. 잘 심어졌는지 어쩐지 흔들어보기도 하고 혹은 손톱으로 가지를 할퀴어보기도 합니다. 궁금해서 그렇게 하는 것이지만 결과적으로는 나무의 천성을 일그러뜨리는 것입니다." 그러자 유종원이 말했다. "그 방법을 정치에 응용하면 어떻게 될까?" 곽탁타가 대답하였다. "저는 나무를 심을 뿐이지 그것이 정치에 어떻게 응용이 되는지는 알 바 아닙니다. 그러나 제가 사는 마을에서 관리들이 하는 방식을 보면, 번거로운 여러 가지 법령이 모두 우리들 백성을 행복하게 다스리기 위한 뜻에서 나왔을 터인데, 실제는 오히려 해가 되는 예가 많습니다. 나라의 명령으로 감독은 한다면서, 밭을 갈아라, 수확을 착실하게 거두어라, 닭이나 돼지를 번식시켜라 - 하고 북을 치고 사람을 모아놓고 늘 독려를 합니다. 마치 나무의 천성을 잘 모르는 이가 안심이 되지 않아서 자꾸만 되돌아보고 흔들어보고 하는 것처럼."(민병산, 『철학의 즐거움』).

J. S. Mill에게도 영향을 주었던 독일의 훔볼트(Wilhelm von Humbolt)는 『국가행위의 한계』(1792)에서 이렇게 말했다.
"인간이 기대하는 바람직한 사회의 조건은 이런 것이다. 각각의 개인은 오로지 그 자신의 완전한 개체성을 통해서 발현되어 나오는 에너지에 의해서 그 자신을 계발하게 되는 가장 절대적인 자유를 누리는 사회; 외부적인 자연조건 그 자체는 어떠한 인간의 제도에 의해서도 왜곡되지 않고 그대로 남겨진 사회; 각각의 개인들의 독자적인 구도에 따라서 그 자신의 필요와 본능의 크기에 따른 각자의 자유의지에 의해서 그 자연조건이 각인되는 사회; 오직 각자의 능력과 권리에 의해서만 그것이 규율되는 사회, 그런 사회의 조건이 가장 바람직한 형태인 것이다."

'자유민주주의'는 다수결 원칙으로만 결정되어서는 안 되는 자유의 영역이 있다는 의미이고, 국가는 원칙적으로 자유의 희생 위에서 공공성을 추구해서는 안 된다는 원리이다. 자유는 "어떤 강제력을 가진 사람에 의해서 그 자신이 원하지 않는 일을 하도록 개인은 강요받지 않는다는 뜻, 그리고 그 자신이 원하는 바를 하지 못하도록 개인은 제지받지 않는다는 뜻으로서의 행동 공간에서의 자유"를 의미한다(N. Bobbio, 『Liberalism and Democracy』). 말하자면 자유의 목표는 방해받지 않는 상태에서 나아가 개인이 자율적으로 자신의 욕구와 개성을 추구하고 자아를 실현해 나가는 것이다. 따라서 자유는 '인간의 존재 목적'이며, 그 자체가 바람직한 '사회의 조건'이다.

Kant는 자유의 중요성을 다음과 같이 강조한다. 인간은 이성적 존재이고 그 자체가 인격을 지닌 존엄한 주체이므로, 인간은 자신의 이성을 실천하는 데 있어서 자율성과 자유를 지닐 수밖에 없다. 『실천이성비판』에서 자유 개념을 '윤리학의 가능성을 위한 근본 요청'이라고 한다. 자유는 스스로 궁극적인 주체로서 활동하는 자율성을 뜻한다. "인간은 그 자신이 근원적으로 그의 표상과 개념의 창조자이며, 그의 모든 행위의 창시자여야 한다." 따라서 칸트는 모든 가치에 앞서 일체의 가치를 창조할 수 있는 인간의 이성과 자유를 최상의 가치로서 논한다. 즉,

"자연의 의도에 따르면 인간은 그의 동물적 존재의 기계적인 명령을 넘어서는 모든 것을 전적으로 자기 자신으로부터 이끌어내야만 한다. 또 인간은 인간 자신이 본능에 의하지 않고 이성을 통해서 창조한 행복과 완전함 이외에는 관여하지 않아야 한다."라고 말한다(김진, 한자경, 『칸트 -인간은 자연을 넘어선 자유의 존재다』,)..

칸트가 『실천이성비판』에서 언급한 바, 가치 있는 삶이란 스스로 가치를 만들어 나가는 삶, 자유로운 삶이다. 칸트에게서 인간의 본질이 곧 자유이기에 도덕 또한 이 자유에 입각해서 설명된다(같은 책).

본질적 의미에서의 자유가 실현되려면 그 당연한 조건으로서 '방해'받지 않아야 한다. 방해받는 상태에서 자신의 원하는 삶을 자율적으로 살 수 없다. 그러므로 자유는 '방해받지 않는다는 측면에서의 자유'가 필수적이다. 즉 자유는 강제

나 제지됨이 없이 자율적으로 자신의 욕구와 개성을 추구하고 자아를 실현해 가는 것을 의미한다. 오늘날의 소비적 대중문화에서 개인의 개별성은 더욱 중요하다.

그런데 실은 국가 없이는 자유가 있을 수 없다. 왜냐하면, 자유란 결코 유토피아적 자연적 자유로서가 아니라 법적 자유, 즉 객관적, 법적으로 보장되고 규율되는 생활영역의 자유로서 존재하며 그 때 그것이 실현될 가능성을 갖기 때문이다 (Konrad Hesse 저, 계희열 역, 『헌법의 기초이론』).

한편 자유보다 평등을 강조하는 진보좌파 이념은 자유민주주의와 갈등관계에 놓인다. 평등과 민주주의만으로는 궁극적 가치를 찾기 어렵다. 전체주의가 강한 국가들도 평등과 민주주의를 표방한다. 북한('조선민주주의인민공화국')과 중국('중화인민공화국')도 마찬가지이다. 그들 식 '인민민주주의'나 '사회주의'와 구분되는 민주주의로서, 인간의 '자유'를 우선시하는 자유민주주의가 우리에게 더 타당하다.

그러나 진보좌파 이념 주장자들은 자유를 말하지 않는다. 오직 평등을 강조할 뿐이다. '진보'를 표방하는 더불어민주당과 문재인 정부는 자유민주주의에서 '자유'를 삭제하려는 개헌안까지 시도한 적이 있다.[4] 대한민국의 정체성을 훼손시키는 매우 위험한 발상이다.

평등을 강조하는 것은 위험성이 있다. 누군가가 '균등화'를 위한 역할을 할 것을 요구하며, 이는 '필연적으로' 국가권력의 확대를 가져오며 관료주의를 지속적으로 확대한다. 특정한 부의 분배나 혜택 과정에서 비효율과 비리가 양산된다. 이

---

4) 2018. 2. 2.자 조선일보 기사(민주당, 헌법서 '자유' 지워버리곤… 4시간 뒤에 "실수") 및 연합뉴스 기사(민주당 '자유' 누락 개헌브리핑 정정 해프닝 놓고 여야 공방) 참조.

로 인하여 개인의 자유와 창의의 정신이 훼손된다. 그러므로 자유를 말하지 않고 평등만 말하는 것은 부적절하다.

평등원칙의 점진적인 전개는 인류 역사에서 필연적이며, 국가는 합리적 이유나 중대한 공익이 없는 한 개인을 차별 없이 대하고 배려하여야 한다. 정당한 정부는 모든 시민을 평등한 존중과 관심으로(with equal respect and concern) 취급하여야 한다(Ronald Dworkin, 『Sovereign Virtue - The Theory and Practice of Equality』). 선거권이나 피선거권, 공직취임의 기회, 성별·종교 또는 사회적 신분에 의한 차별은 금지된다.

평등을 향한 개혁은 18세기 이후 정치적 권력과 권리의 분배방식, 선거권의 평등, 교육에서의 기회균등, 경제적 분배의 평등 개념을 도출하였고, 규범화 된 내용으로서 법 앞의 평등, 보통·평등선거, 공무담임권, 교육기회의 평등과 공교육제도, 선거운동의 기회균등, 그리고 민주주의를 정착시켰다.

그런데 평등이 사람들을 무조건 비슷하게 만드는 것을 선호하는 것은 아니다. 평등의 요구는 합리화될 수 없는 불평등들을 제거하는데 목표를 두는 것이며, 그 논리적 전제는 모든 불평등이 악은 아니며 문자 그대로의 평등은 가치 있는 목표가 될 수 없다는 것이다(John Rees 저, 권만학 역, 『평등』, 1990).

특히 평등의 강조가 획일성과 권력집중을 가져오는 것을 경계하여야 한다. Tocquville은 평등의 강조가 지니는 우려를 표명하였다(『미국의 민주주의』).

"평등의 원리는 모든 사람으로 하여금 모든 것을 할 수 있도

2. 진보좌파 이념에서 자유의 실종 문제   63

록 해 주지만 또한 모든 사람으로 하여금 급속한 전진이 불가능하게 한다.… 민주적이기는 하지만 무지한 상태에 있는 국민에게는 통치자의 지적 능력과 국민의 지적 능력 사이에 놀랄만한 차이가 발생하여 통치자에게 권력이 쉽게 집중되고,… 평등의 원리가 인간의 독립에 끼친 위험성은 모든 위험 중에서도 가장 예견하기 힘들면서도 가장 무서운 것이다."

　평등의 강조는 평등 상태를 유지하기 위한 인위적이고 지속적인 힘의 개입, 국가의 개입을 전제로 한다. 평등의 강화, 특히 물질적 평등을 얻으려는 시도는 인간 상호간의 연적 차이성을 축출하려는 목적을 가지게 되고, 따라서 필연적으로 강제적인 것이 될 소지가 크다. 따라서 평등의 강조는 자유의 제약과 관료주의를 강화한다. 평등을 지향하는 정책은 오히려 차별성을 더 크게할 위험성이 있다. 국가의 인위적인 개입은 복잡한 사회현상에 대한 단순한 진단에 기반하거나 표를 의식한 포퓰리즘의 산물이 될 가능성이 크기 때문이다.
　문재인 정부의 최저임금 대폭 인상은, 임금 불평등을 줄이려는 것이었지만 결과는 소득 불평등이 더 늘어났다. 이는 양자의 상충 가능성을 알지 못했고, 진자 하층이 누구인지 제대로 파악하지 못했으며 저임금 노동자의 실체도 충분히 인식하지 못했기 때문이다(최병천, 『좋은 불평등』). 4년간 30조원이 투입된 노인 일자리 사업, 일자리 안정자금, 근로장려금 제도의 존재 및 예산의 대폭 확대 자체가 최저임금 대폭 인상의 부작용을 입증한다. 그런 예산투입에도 불구하고 2018-2019년 취업자 증가규모는 역대 연평균 증가의 2분의 1 수준에 불과하였다(같은 책). 더구나 한국경제의 불평등 심화가 실은 중국이 자본주의를 받아들여 경제성장을 함에 따라서 한국의 생산과 수출을 잠식했기 때문이라는 분석도 결여되어 있었다(같은 책).

　자유로운 기업가 정신이 자본주의 시장경제에서 가장 중요하다. 기업이 활력을 잃으면 노동조합은 존재 자체가 위태롭다. 최근 현대제철이 노동조합의 과도한 임금인상 파업에 직장폐쇄를 결정한 것은 그 바로미터이다. 단지 회사의 수익 상황에만 연계하여 임금인상이 추진되는 것은 부당하다. 기업가는 새로운 리스크와 미래의 투자를 준비해야 한다. 대기업 노조는 자신의 주장이 미칠 중소기업과 일반 근로자의 임금 격차와 고용효과를 고려해야 한다. 이미 일본의 대기업 노동자 임금 비율을 훨씬 초과하고 있다.

　자유의 정신, 특히 슘페터가 말한 창의적인 기업가 정신이 없다면 경제발전도 사회발전도 이루기 어렵다. 무엇보다도 자유로운 개인의 지닌 국가의 vital power가 약화되어, 국가 자체가 쇠퇴하게 될 것이다.

　자유의 정신이 없는 곳에서는 다시 새로운 권위주의나 전체주의가 싹튼다. 사회주의적 평등 실현이 자유로운 사회가 되는 것은 아니다. 평등 상태를 유지하기 위한 고도의 국가개입과 관료조직 하에서 권력에 대한 견제와 균형이 작동되지 않을 것이다. 결국 자유를 억압하게 되고, 이는 점차 불평등을 오히려 늘리는 사회로 변화될 소지가 크다. 북한과 러시아의 지도자들이 누리는 재산과 사치를 보라, 그들 공산당원들만의 잔치에 노동자와 일반 국민은 평등한가.

　　※ 추가논의(9) <사립학교의 자유성 실종>

　특히 교육의 영역에서 우리나라에서 자유와 자율성은 심

각하게 실종되어 있다. 그 직접적 피해자는 사립학교이다.

문명국가에서 기업가나 재산가 혹은 교육입국을 위하여 개인이 '사립학교를 설립하고 운영할 자유'는 하나의 기본권에 속한다. 국가적으로 그것은 바람직한 현상이며 국가의 공교육 비용을 절감하고 사립학교와 국공립학교가 서로 다양성 있는 교육환경을 만들 수 있게 한다. 학부모와 학생들의 학교 선택의 자유를 확대하여 보장하게 된다.

헌법재판소는 "학생은 교육을 받음에 있어서 자신의 인격, 특히 성향이나 능력을 자유롭게 발현할 수 있는 권리가 있다. … 학생은 국가의 간섭을 받지 아니하고 자신의 능력과 개성, 적성에 맞는 학교를 자유롭게 선택할 권리를 가진다."라고 보았다(헌재 2012. 11. 29. 2011헌마827).

2001년 헌법재판소는 '사학운영의 자유'가 기본권이라고 선언하였다. "진리탐구와 인격도야의 본산이며 자유로운 인간형성을 본분으로 하는 학교에서야말로 학생들의 다양한 자질과 능력이 자유롭게 발현될 수 있는 교육제도가 마련되어야 한다. 특히 사립학교는 설립자의 의사와 재산으로 독자적인 교육목적을 구현하기 위해 설립되는 것이므로 사립학교 설립의 자유와 운영의 독자성을 보장하는 것은 그 무엇과도 바꿀 수 없는 본질적 요체라고 할 수 있다. 따라서 설립자가 사립학교를 자유롭게 운영할 자유는 비록 헌법에 독일기본법 제7조 제4항과 같은 명문 규정은 없으나 헌법 제10조에서 보장되는 행복추구권의 한 내용을 이루는 일반적인 행동의 자유권과 모든 국민의 능력에 따라 균등하게 교육을 받을 권리를 규정하고 있는 헌법 제31조 제1항 그리고 교육의 자주성·전문성·정치적 중립성 및 대학의 자율성을 규정하고 있는 헌법 제31조 제3항에 의하여 인정되는 기본권의 하나라 하겠다."

(헌재 2001. 1. 18. 99헌바63). 이는 교육기본법 제25조에서 "사립학교의 다양하고 특성있는 설립목적이 존중되도록 하여야" 한다고 규정 것과도 조화된다.

우리나라 교육에서 사립학교가 차지하는 비중은 매우 높다. 학교 수 기준으로 사립학교 비율은 중학교의 약 23%, 고등학교의 약 45%, 전문대학의 약 93%, 대학의 약 78%를 차지한다. 우리나라의 사립학교는 특히 1960년대 정부 주도의 경제성장과 함께 국공립학교의 부족한 수요를 충당하기 위하여 상당수가 최소한의 인가기준만으로 인가가 되면서 다른 나라보다 사학의 비중이 높게 되었다.

중고등학교의 경우 중학교는 1968년부터 고등학교는 1972년부터 '평준화 교육정책'이 점차 시행되었다. 문제는 국공립학교에 그것이 한정되지 않고 사립학교까지 평준화에 '강제'로 포함시키고, 학생 선발권을 박탈하고, 수업료 징수권을 통제하여, 공립학교와 사립학교가 평준화되었다는 것이다. 사립학교를 운영하는 학교법인은 일종의 비영리 재단법인이며, 따라서 사인(私人, 사법인)인데 국가가 나서서 사학운영의 자유를 침해하는 행위를 한 것이다. 당시 평준화 교육정책은 과열된 입시 방지를 목표로 시행되었는데, 그렇다고 사인에게 사학운영의 본질적 권리(학생선발권, 수업료징수권)를 박탈하는 것은 헌법상 정당화되기 어려운 자유의 제한이다.

과열된 입시 방지라는 국가의 권위적인 정책목표보다는 헌법상 자유가 더 중요하다. 적어도 2001년 이후 사학운영의 자유가 헌법적으로 인정된 이상 사학에 대한 평준화 강행은 더 이상 정당성을 지니기 어렵다고 본다. 또 과연 지금 이 시점에서 사교육이나 과외교습이 줄어들었는지 의문이다. 한마디로 정책 이유의 달성 실패이다.

그동안 일반 사립중등학교는 국가의 재정보조금에 연명해 왔는데(수업료를 못받게 했으므로), 그동안 정체성과 경쟁력을 상실한 사학의 자율성을 어떻게 복원시킬 것인지 문제이다. 그럼에도 불구하고 적어도 고교평준화는 사학에 적용 배제되는 쪽으로 가능 방안이 강구되어야 한다. 일본의 경우 사립학교를 제외한 공립학교에서 고교평준화 정책을 유지하다가 2011년에 이를 폐지하였다. 일본에서는 경제성장의 실패의 한 원인을 경쟁력 없는 고교평준화로 보았다. 종전의 명문 공립학교는 명성을 잃었고 학부모들은 사립학교로 진학을 선호하였다.

우리의 경우 사립학교도 평준화에 포섭되어 사정이 다르나, 적어도 헌법상의 요청, 즉 사학에 대해서는 고유한 자주성과 자율성이 주어져야 하므로, 국가가 함부로 그 운영에 개입할 수 없다. 입시 열풍과 과외가 심하다는 이유라면 다른 방법을 찾아야 하는 것이지 애꿎은 사립학교가 그 희생양이 되어 과도한 교육청의 통제 수단이 되고있는 것은 잘못이다.

사립학교법이 1963년에 제정되어 제1조는 '자주성을 확보하고 공공성을 앙양하며 사립학교의 건전한 발전을 도모한다'고 하지만, 나머지 사립학교 조항들은 대부분 규제와 통제 일색이다(이명웅,『사립학교와 헌법』). 국가가 사학운영자를 마치 비리의 온상으로 취급하여 지나치게 사학을 옭아메고 있는 것이다. 일부 사학에서 비리가 심하다 해도, 옥석을 가릴 문제이지 전체 사학을 놓고 규제를 일률적으로 강화하는 것은 부당하다. 교육에서 사학의 비중이 높다고 해서 사학설립자측이 왜 국가의 과도한 규제를 받아야 하는가? 개별적 비리행위의 존재에도 불구하고, '제도로서의 사학'은 헌법상 매우 중요한 기능을 하고 있으며, 사학의 자율적 운영은 국가가 보장해야 마땅하다. 공공성을 빌미로 사학을 규제하는 경우가 많으나, 사학의 존재와 역할 자체가 중요한 헌법적 '공공성'을 내포하고 있다. 개별적 비리는 개별적 법집행행위와 합리적 정책으로 방지하려고 노력해야 하며, 이를 전체 사학을 마치 비리집단처럼 규제 대상으로 놓고 교육정책을 펴는 것은 문명국가에서 있을 수 없는 일이다. 사학은 진보좌파의 이념적 투쟁의 속죄양(scape goat)가 아니다. 사학을 비판함으로써 진보좌파의 이념적 주장과 영향력을 높이려 하는 것은 경계해야 한다.

진보좌파식 교육정책으로 사학을 공립학교처럼 끌어내리려는 경향은 교정되어야 한다. 자율형 사립고를 없애려고 하는 것도 공립학교 보호를 위한 것이라고 하지만, 그러한 하향 평준화는 학생과 학부모의 학교선택권을 침해하고 교육의 다양성을 저해할 뿐 아니라, '능력에 따른 교육을 받을 권리'(헌법 제31조 제1항)도 제한한다. 오히려 그들이 역차별을 받게 되는 것이며, 기회균등의 원칙을 넘어선 것으로서, 정의(正義)에도 어긋난다. 교육 관료주의를 확대 재생산할 뿐이다.

평준화 교육정책이 '가장 가난하거나 가장 수학능력이 낮은' 학생들에게 가장 큰 이익을 준다고 볼 수 없다. 부자이거나 수학능력이 높은 학생들을 그렇지 않은 학생들과 한 학교에서 학습하도록 하는 것이 후자의 학생들에게 가장 큰 이익을 준다고 볼 수 없다. 그것은 단지 부자이거나 수학능력이 높은 학생들의 교육기회를 제약하는 것이고, 이로써 후자의 학생들이 장래 대학입시에서 유리할 수 있으나, 그것이 후자의 학생들에게 커다란 이익을 준다고는 말할 수 없다. 오히려 후자의 학생들을 위해서는 그들의 학업수준에 맞는 교육의 균등한 기회를 무상으로 제공함으로써 충분하다. 만일 국가가 그보다 더 나아가 전자의 학생들에게 '평준화 교육정책'으로 불이익을 준다면, 이는 J. Rawls의 『정의론』5)에 반하여, 그들의 자유와 권리를 제한하는 것이므로 허용될 수 없다.

오랫동안 교육문제를 고민해 온 교육 원로에 의하면, 관료체제와 획일적인 교육제도가 문제라고 한다(이돈희, '미래교육의 구상', 2014).

"복합적인 원인이 있지만 그 중에서도 가장 분명한 것은 관료체제이다. 거대한 규모의 공교육을 효율적으로 운영하기 위해서는 관료주의적 운영체계가 불가피하게 등장한다. 관료주의는 복잡한 과업을 효율적으로 운영하는 원리이다. 그러나 그러한 효율성은 복잡한 것을 단순화함으로써 기하게 되는 것이며 결과적으로 거기에는 획일주의가 지배할 수밖에 없다. 모든 젊은이들로 하여금 가능하면 같은 체제의 교육에 다니게 하고, 공통된 내용으로 공부하게 한다. 그리고 동일한 원리에 의해서 가르치고 균등하게 자원을 배분하는 방식을 취하게 된다. 이러한 교육운영의 원칙은 마치 체격이 서로 다른 사람들에게 같은 규격의 옷을 입히면, 소수의 사람에게만 그 옷이 맞을 수 있듯이 획일적인 교육의 체제와 활동은 거기에 적용하지 못하는 거대한 소외집단을 발생시킨다."

---

5) 롤즈는 다음과 같은 정의의 이론을 정립하였다.
(1) 각자는 다른 사람들의 유사한 자유와 양립할 수 있는 가장 광범위한 평등한 기본적 자유에 대한 평등한 권리를 갖는다.
(2) 사회적, 경제적 불평등은 다음과 같은 두 조건을 만족시키도록 마련된다(차별성 원칙). 즉,
　① 가장 덜 혜택받는 사람들에게 가장 큰 이익이 되도록, 단 후세대에도 필요한 기관운영 자금을 축내지 않는 한도(the just savings principle) 내에서,
　② 그 불평등이 연관된 직위와 자리들은 공정한 기회균등으로 모든 사람에게 열려있을 것

국가의 재정지원 권한의 형평성도 문제이다. 오늘날 대학은 오랫동안 '등록금 동결' 상황에서 국가의 재정지원금 및 국가장학금에 상당 부분 재정을 의지하여 왔다. 그러한 등록금 동결은 구속적 행정지도로 이루어져 강제성을 지닌 것이었다. 등록금 인상을 하려는 대학은 재정지원금 감소 등 불이익을 감수해야 했다.

그런데 대학의 대부분을 차지하는 사립대학에서 수업료 징수권은 사학운영의 자유의 본질적 부분이다. 이미 대학설립에 많은 재산출연이 있었고, 그 후 운영은 수업료 등 수입으로 충당함이 자연적인 이치이다. (이 점에서 학교법인에게 교직원의 보험료 등 법정부담금을 법인회계에서 의무화하고, 그 이행비율을 계기로 학교법인을 비난하고 규제를 강화하는 것은 부당하다.) 수업료는 학생들 교육비일 뿐 아니라 연구와 교육의 탁월성 그리고 우수한 교수 충원에 필수적 재원이다. 세계적인 경쟁력이 필요한 것이 한국의 대학이다. 등록금 마련이 재정적으로 어려운 학생들을 위해서 국가가 재정보조를 해 주어, 교육을 받을 권리가 실행될 기회균등을 확보해주는 것은 필요하나(롤즈 정의론의 '차별성 원칙'), 그 이상으로 모든 대학에 등록금을 동결하도록 지시하는 것은 롤즈의 정의론 범주에 반한다. 등록금 수준은 개별 대학이 자율적으로 결정하는 것을 원칙으로 하고 교육부는 적절한 행정지도와 장학금 장려를 통하여 기회균등의 원칙을 실현하는 것이 필요하다.

한편 국가의 대학 재정지원의 형평성도 제고되어야 한다. 기본적으로 지원 대상 연구와 교육내용을 대학이 자치적으로 결정할 수 있어야 한다.6) 교육부나 정부는 사립대학과 사립중고교에 재정지원을 해주므로 학교에 대한 전반적 통제권한을 가진다고 주장하나, 이는 잘못된 인식이다. 사립학교가 국민 공교육을 담당하므로 교육 분야 국가의 예산을 사립학교 지원에 사용하는 것은 국가적으로 당연한 사항이다. 더구나 사립중등학교는 '교육 평준화' 정책으로 국가의 수업료 통제를 받으며, 사립대학의 경우 국민의 세금(교육세 등)을 고등교육에 사용해야 한다. 국공립대학만 대상이 될 수 없다. 이는 납세자에 대한 불합리한 차별이다. 국가와 지방자치단체의 규제와 감독은, 지원받은 재정 사용에 한정되어야 하고, 재정지원을 빌미로 전반적으로 사학의 자율성을 억압하는 것은 과잉규제이다.[7]

사학의 자유와 자율성을 보장하는 것이 헌법상의 공공성에 부합하며, 자유를 중시하는 자유민주주의의 교육이념에 부합한다. 사학의 비리는 개별적 법집행 영역이지 전체 사학을 대상으로 한 규제적 입법의 대상이 되어서는 안 된다. 이는 문명국가에서 입법수준의 후진성을 드러내는 것이다.

---

[6] 국가가 특정 방향으로 사실상 연구를 강요하는 것은 기회비용의 상실이 초래될 수 있으므로 매우 조심해야 한다. 대학 현장에서 국가의 재정지원 대상 설정에 객관적 합리성을 지녀야 한다. 경영위기대학으로 낙인을 받으면 지원대상에서 제외하는 것은 신중하여야 할 것이다. 학생들의 학습권이 고려되어야 한다.

[7] 일본은 사학진흥재단법을 제정하여 재정지원을 하고 있다. 사립중등학교의 경우 공립학교보다 높은 수업료를 받지만, 지방자치단체로부터 별도로 재정지원을 받고 있다. 독일도 사립학교가 공립 대용 학교로서 기능을 하더라도 기본법 제7조 제4항의 사립학교 설립운영의 자유 보장조항에 근거하여 사학의 자율성을 인정하며, 사학은 공립과 달리 수업료를 받지만 주정부로부터 재정지원을 받는다. 미국도 사학 운영에 대한 불간섭의 원칙을 지키면서도 사립학교 학생에 대해 바우처를 제공함으로써 간접적으로 재정지원을 하고 있다.

3. 윤 대통령 탄핵 사건에서 이념 갈등 문제

가. 비상계엄 선포 이유

윤석열 대통령은 2024. 12. 3. 비상계엄을 선포하였는데, 그 이유는 다음과 같다.

> 지금까지 국회는 우리 정부 출범 이후 22건의 정부 관료 탄핵 소추를 발의하였으며, 지난 6월 22대 국회 출범 이후에도 10명째 탄핵을 추진 중에 있습니다. 판사를 겁박하고 다수의 검사를 탄핵하는 등 사법 업무를 마비시키고, 행안부 장관 탄핵, 방통위원장 탄핵, 감사원장 탄핵, 국방 장관 탄핵 시도 등으로 행정부마저 마비시키고 있습니다.
> 국가 예산 처리도 국가 본질 기능과 마약범죄 단속, 민생 치안 유지를 위한 모든 주요 예산을 전액 삭감하여 국가 본질 기능을 훼손하고 대한민국을 마약 천국, 민생 치안 공황 상태로 만들었습니다. 민주당은 내년도 예산에서 재해대책 예비비 1조원, 아이돌봄 지원 수당 384억원, 청년 일자리, 심해 가스전 개발 사업 등 4조1천억원을 삭감하였습니다. 심지어 군 초급간부 봉급과 수당 인상, 당직 근무비 인상 등 군 간부 처우 개선비조차 제동을 걸었습니다. 이러한 예산 폭거는 한마디로 대한민국 국가 재정을 농락하는 것입니다. 예산까지도 오로지 정쟁의 수단으로 이용하는 이러한 민주당의 입법 독재는 예산 탄핵까지도 서슴지 않았습니다. 국정은 마비되고 국민들의 한숨은 늘어나고 있습니다.
> 이는 자유대한민국의 헌정질서를 짓밟고, 헌법과 법에 의해

3. 윤 대통령 탄핵 사건에서 이념 갈등 문제   73

> 세워진 정당한 국가기관을 교란시키는 것으로써, 내란을 획책하는 명백한 반국가 행위입니다. 지금 우리 국회는 범죄자 집단의 소굴이 되었고, 입법 독재를 통해 국가의 사법·행정 시스템을 마비시키고, 자유민주주의 체제의 전복을 기도하고 있습니다. 자유민주주의의 기반이 되어야 할 국회가 자유민주주의 체제를 붕괴시키는 괴물이 된 것입니다. 지금 대한민국은 당장 무너져도 이상하지 않을 정도의 풍전등화의 운명에 처해 있습니다.
> 　저는 북한 공산 세력의 위협으로부터 자유대한민국을 수호하고 우리 국민의 자유와 행복을 약탈하고 있는 파렴치한 종북 반국가 세력들을 일거에 척결하고 자유 헌정질서를 지키기 위해 비상계엄을 선포합니다. 저는 이 비상계엄을 통해 망국의 나락으로 떨어지고 있는 자유 대한민국을 재건하고 지켜낼 것입니다. 이를 위해 저는 지금까지 패악질을 일삼은 망국의 원흉 반국가 세력을 반드시 척결하겠습니다. 이는 체제 전복을 노리는 반국가 세력의 준동으로부터 국민의 자유와 안전, 그리고 국가 지속 가능성을 보장하며, 미래 세대에게 제대로 된 나라를 물려주기 위한 불가피한 조치입니다. 저는 가능한 한 빠른 시간 내에 반국가 세력을 척결하고 국가를 정상화 시키겠습니다.

　더불어민주당은 국회에서 30건 가까이 공직자 탄핵소추를 하였으며, 감사원장, 경찰청장, 검찰총장, 국무총리, 장관, 방통위원장 등을 비롯하여 자신들의 범죄를 수사한 검사들을 탄핵소추하고, 이들은 즉시 직무가 정지되었다. 헌법재판소는 일부 사건에서는 탄핵소추 내용 자체가 불명확하다고 변론에서 지적하였다. 한마디로 무리한 탄핵소추로 공직기강을 무너뜨리고 행정부의 업무에 중대한 지장을 주고 있는 것이다.

거대 야당은 검찰과 경찰의 내년도 특경비, 특활비 예산을 아예 0원으로 깎았다. 이는 금융사기 사건, 사회적 약자 대상 범죄, 마약 수사 등 민생 침해 사건 수사, 그리고 대공 수사에 쓰이는 예산이다. 마약, 딥페이크 범죄 대응 예산까지도 대폭 삭감했다. 원전 생태계 지원 예산을 삭감하고, 정부가 추진하고 있는 체코 원전 수출 지원 예산은 90%를 깎았으며, 차세대 원전 개발 관련 예산은 거의 전액 삭감, 기초과학연구, 양자, 반도체, 바이오 등 미래 성장동력 예산도 대폭 삭감하고, 정부가 추진중인 동해 가스전 시추 예산, 이른바 대왕고래 사업 예산도 사실상 전액 삭감했다. 대통령 업무추진비도 0원으로 만들었다.

한편 중국인 등이 군사시설을 촬영하거나 간첩행위를 한 것에 대해 형법의 간첩죄 조항을 수정하려 했지만, 거대야당이 이를 막았으며, 지난 정권에서 국정원의 대공 수사권을 박탈했다.

그러므로 비상계엄 이유에서 거론된 사항들은 어느 정도 객관적인 사실에 부합한다. 문제는 그러한 사유들이 헌법상 비상계엄 발동 요건을 구성하느냐 여부이다. 그것이 '국가비상사태'에 해당하는지 '병력으로써 공공의 안녕질서를 유지할 필요가 있는 경우'인지 의문이 제기된다.

나. 비상계엄 선포의 사법심사 및 내란죄 해당 여부

대법원은 "대통령의 비상계엄의 선포나 확대 행위는 고도의 정치적·군사적 성격을 지니고 있는 행위라 할 것이므로, 그것이 누구에게도 일견하여 헌법이나 법률에 위반되는 것으로서 명백하게 인정될 수 있는 등 특별한 사정이 있는 경우

라면 몰라도, 그러하지 아니한 이상 그 계엄선포의 요건 구비 여부나 선포의 당·부당을 판단할 권한이 사법부에는 없다고 할 것이나, 비상계엄의 선포나 확대가 국헌문란의 목적을 달성하기 위하여 행하여진 경우에는 법원은 그 자체가 범죄행위에 해당하는지의 여부에 관하여 심사할 수 있다."고 판단하였다(대법원 1997. 4. 17. 선고 96도3376 전원합의체 판결).

이러한 판시는 비상계엄의 선포권자는 대통령이고 국민이 직접 선출한 헌법기관으로서 국민의 대의기관이므로, 무엇이 비상계엄 요건인지 여부는 일차적으로 대통령의 의견이 존중되어야 하고, 법원이 함부로 법원의 의견으로서 이를 대체할 수는 없다는 취지이다. 다만 비상계엄이 내란죄의 구성요건에 해당하는 경우에는 법원이 이를 심사할 수 있다는 것이다. 이 점에서 더불어민주당은 비상계엄 발표 후 초기부터 이 사건이 내란죄에 해당하며, 윤석렬 대통령은 '내란수괴'라고 단언적으로 주장해 온 것이다.

형법 제87조(내란)는 "대한민국 영토의 전부 또는 일부에서 국가권력을 배제하거나 국헌을 문란하게 할 목적으로 폭동을 일으킨 자는 다음 각 호의 구분에 따라 처벌한다."라고 규정하면서, 제1호에서 '우두머리는 사형, 무기징역 또는 무기금고에 처한다.'라고 규정한다.. 여기서 '국헌을 문란하게 할 목적'이 무엇이냐에 대해서 형법은 따로 규정을 두고 있다.

> 형법 **제91조(국헌문란의 정의)** 본장에서 국헌을 문란할 목적이라 함은 다음 각호의 1에 해당함을 말한다.
> 1. 헌법 또는 법률에 정한 절차에 의하지 아니하고 헌법 또는 법률의 기능을 소멸시키는 것
> 2. 헌법에 의하여 설치된 국가기관을 강압에 의하여 전

복 또는 그 권능행사를 불가능하게 하는 것

이번 사태에서는 제2호가 문제된다. 즉 윤석열 대통령이 계엄선포 후 병력에 의한 일련의 국회, 중앙선거관리위원회에 대한 행위가 "강압에 의하여 전복 또는 그 권능행사를 불가능하게 하는 것"에 해당되느냐의 문제이다. 그런데 대법원 판례에 의하면 해당되기 어렵다고 보인다.

위 대법원 전원합의체판결은 위 조항의 해석에 대하여 "국헌문란의 목적을 가지고 있었는지 여부는 외부적으로 드러난 행위와 그 행위에 이르게 된 경위 및 그 행위의 결과 등을 종합하여 판단하여야 한다."라고 하면서, "원심은, 형법 제91조 제2호에 의하면 헌법에 의하여 설치된 국가기관을 강압에 의하여 전복 또는 그 권능행사를 불가능하게 하는 것을 국헌문란의 목적의 하나로 규정하고 있는데, 여기에서 '권능행사를 불가능하게 한다'고 하는 것은 그 기관을 제도적으로 영구히 폐지하는 경우만을 가리키는 것은 아니고 사실상 상당기간 기능을 제대로 할 수 없게 만드는 것을 포함한다고 해석하여야 한다 고 전제하고는, 그 내세운 증거에 의하여, 피고인들이 이른바 12·12군사반란으로 군의 지휘권과 국가의 정보기관을 실질적으로 완전히 장악한 뒤, 정권을 탈취하기 위하여 1980. 5. 초순경부터 비상계엄의 전국확대, 비상대책기구설치 등을 골자로 하는 이른바 '시국수습방안' 등을 마련하고, 그 계획에 따라 같은 달 17. 비상계엄을 전국적으로 확대하는 것이 전군지휘관회의에서 결의된 군부의 의견인 것을 내세워 그와 같은 조치를 취하도록 대통령과 국무총리를 강압하고 병기를 휴대한 병력으로 국무회의장을 포위하고 외부와의 연락을 차단하여 국무위원들을 강압 외포시키는 등의 폭력적 불법수단을 동원하여 비상계엄의 전국확대를 의결·선포하게 함으로써, 국방부장관의 육군참모총장 겸 계엄사령관에 대한 지휘감독권을 배제하였으며, 그 결과로 비상계엄 하에서 국가행정을 조정하는 일과 같은 중요국정에 관한 국무총리의 통할권 그리고 국무회의의 심의권을 배제시킨 사실, 같은 달 27. 그 당시 시행되고 있던 계엄법(1981. 4. 17. 법률 제3442호로 전문 개정되기 전의 것, 이하 같다) 제9조, 제11조, 제12조 및 정부조직법(1981. 4. 8. 법률 제3422호로 개정되기 전의 것) 제5조에 근거하여 국가보위비상대책위원회 및 그 산하의 상임위원회를 설치하고, 그 상임위원장에 피고인 A가 취임하여 공직자 숙정, 언론인 해직, 언론 통폐합 등 중요한 국정시책을 결정하고 이를 대통령과 내각에 통보하여 시행하도록 함으로써, 국가보위비상대책상임위원회가 사실상 국무회의 내지 행정 각 부를 통제하거나 그 기능을 대신하여 헌법기관인 행정 각 부와 대통령을 무력화시킨 사실 등을 인정한 다음, 피고인들이 비상계엄을 전국으로 확대하게 하여 비상계엄 하에서 국가행정을 조정하는 일과 같은 중요국정에 관한 국무총리의 통할권과 이에 대한 국무회의의 심의권을 배제시킨 것은 헌법기관인 국무총리와 국무회의의 권능행사를 강압에 의하여 사실상 불가능하게 한 것이므로 국헌문란에 해당하며, 국가보위비상대책위원회를 설치하여 헌법기관인 행정 각 부와 대통령을 무력화시킨 것은 행정에 관한 대통령과 국무회의의 권능행사를 강압에 의하여 사실상 불가능하게 한 것이므로 역시 국헌문란에 해당한다고 판단하였다.

구 계엄법과 구 정부조직법 등 관계 법령의 각 규정과 기록에 비추어 볼 때, 원심의 위와 같은 사실인정 및 판단은 정당하고, 거기에 상고이유로 지적하는 바와 같은 채증법칙

위반으로 인한 사실오인, 심리미진, 법리오해 등의 위법이 있다고 할 수 없다."라고 판시하였다. (밑줄은 필자가 첨가함)

　이는 고등법원의 위 판시 법리를 대법원이 인정한 것이고, 당시 고등법원은 12.12 군사반란 후, 1980. 5. 비상계엄 전국 확대, 비상대책기구설치, 계엄사령관에 대한 지휘감독권 배제로써 국무총리의 통할권과 국무회의 심의권 배제 등 국무총리와 국무회의의 권능행사를 강압에 의하여 불가능하게 한 약 1개월 간의 과정을 위 밑줄 부분의 인정사실로 판시하였다.

　윤 대통령 비상계엄 후 국회의 권능을 과연 계엄군이 불가능하게 한 것인지는, 계엄 선포 후 2시간 내 국회의 계엄 해제 결의가 있었고, 국회 본회의장 부근의 병력이 소수에 불과하였다는 점에서 의문이나, 이를 긍정하더라도 시간적 변수에서, 국회의 권능을 영구적으로 폐지한 것이 아니며, 그 2시간을 "사실상 상당기간 기능을 제대로 할 수 없게 만드는 것"이라고 단정할 수는 없다.

　한편 중앙선거관리위원회에서 병력을 동원하여 서버를 촬영한 행위 등은 "그 권능행사를 불가능하게 하는 것"이라고는 도저히 볼 수 없다.

　따라서 윤 대통령의 경우에는 '국헌문란의 목적'을 인정할 수 없다고 보아야 할 것이고, 대법원 판례의 의하면 이 건이 내란죄가 구성된다고 보기 어렵다. 설령 그렇게 보지 않더라도 대법원 판결상 '국헌문란의 목적'이 이 사건에 있었는지는 해석상 매우 애매한데, 비상계엄 직후부터 더불어민주당 등 야당은 마치 '확정적인 내란죄가 범해진 것처럼 단정'하고 이를 언론과 국민에게 강하게 주입시키고, 선동시켰으며, 윤 대통령측에 동조하는 세력은 '내란방조자' 혹은 '내란선동자'라는 부당한 프레임을 만들었다. 결국 내란죄 관련하여 국민 여론이 악화되었고, 국민의힘 의원들도 일부 참여한 대통령 탄핵소추 의결이 이루어졌던 것이다.

다. 대통령 체포의 문제점

야당의 내란죄 프레임이 워낙 고도화했기 때문에 수사기관들이 여론과 야당의 공세에 앞다퉈 내란죄 수사에 착수했고, 공수처가 야당 뜻에 따라 대통령의 체포영장 청구에 나섰다. 공수처는 내란죄 관할도 없는데, 이를 '관련 사건'으로 몰아가, 서부지원에서 체포영장을 발부받았다. 그런데 서부지원 판사가 현직 대통령을 일개 피의자와 똑같이 취급한 것은 심각한 헌법적 문제가 있다고 본다.

형사법은 '헌법합치적'으로 해석되어야 한다. 강제수사인 경우는 더욱 그러하다, 대통령은 국가원수이자 특수한 헌법적 지위를 지니므로 통상의 범죄 피의자와 매우 다르다.

체포영장은 죄를 범하였다고 의심할 만한 상당한 이유가 있고, 정당한 이유없이 출석요구에 응하지 아니하거나 응하지 아니할 우려가 있는 때 가능하다(형소법 제200조의2 제1항). 이번 경우 '정당한 이유'에서 헌법상 대통령의 지위를 고려했어야 한다. 관행적으로 체포영장은 소환에 불응해서 발부한다거나 형소법 규정을 벗어나지 않았다는 것이, 대통령 지위에 대한 헌법적 고려를 생략한 핑계가 될 수 없다.

대통령은 전 국민의 직접 선거에 의하여 선출된 대의기관이다. 국회의원은 현행범인 경우를 제외하고는 회기중 국회 동의없이 체포되지 아니한다. 대통령은 그런 규정이 없지만 더 중요한 헌법기관이므로 국회의원보다 체포에 더 신중하여야 하므로, 헌법해석상 함부로 체포영장을 청구하거나 발부해서는 안 된다.

　　대통령은 국가의 원수이자 국가를 대표한다(헌법 제66조). 대통령의 신변안전은 국가적으로 중대한 사항이다. 북한과 군사적 대치 상황에서, 대통령경호처는 대통령 신변안전을 위한 고도의 전문적 기능을 수행한다. 범죄사유가 소명된다고 검사와 판사가 판단했더라도, 단지 공수처(수사기관)의 출석요구에 불응한다고 해서, 대통령을 체포하여, 공수처나 구치소에 인치(구금)하려는 체포영장을 청구하고 발부한 것은 매우 부적절하다.

　　체포영장의 기능은 수사기관이 피의자를 직접 신문하기 위해서인데, 집행되더라도 48시간내 구속영장 청구를 하거나 석방하여야 한다. 대통령은 공수처의 관할위반으로 영장이 무효라고 주장하므로 체포되더라도 '묵비권'을 행사할 것이었고 실제로 그렇게 했다. 결국 공수처가 대통령을 공수처로 출두시켜 신문하고자 체포영장을 청구하거나 법원이 이를 발부할 필요성이 크지 않다. 대통령의 헌법상 지위를 고려하면, 공수처의 소환에 불응한다고 체포영장을 청구하고 법원이 쉽게 발부한 것은 헌법상 국가원수와 국가 대표자의 지위에 도저히 맞지가 않다.

　　이러한 관점을 '법 앞의 평등' 위반이라고 볼 수 없다. 이미 헌법이 내란 또는 외환죄를 범한 경우를 제외하고는 대통령이 재직중 형사상 소추를 받지 않도록(제84조), 일반 국민에 대한 예외를 인정하고 있다. 그 취지는 '대통령 직책의 원활한 수행을 보장하고, 국가원수로서의 권위를 확보하기 위한 것'이다(법제처 간, 헌법주석서). 따라서 내란죄의 소추는 정당한 이유가 있을 때는 가능하지만, 단지 수사기관의 소환에 불응한다는 이유로 대통령에 대한 체포영장을 발부한 것은, 위에서 본 이유에서, 또 체포영장이 그 소추에 불가결한 것도 아니므로, 헌법의 취지에 맞지 않는 것이었다.

라. 헌법재판소의 탄핵심리상 문제점

(1) 내란죄 부분 제외 문제

윤 대통령에 대한 탄핵심판(2004헌나8)에서 소추사유를 보면, 비상계엄 선포와 함께 내란죄 부분이 매우 많이 포함되어 있다. 국회측 변호사가 헌법재판소의 권유대로 내란죄 부분 주장을 철회하겠다고 한 것에 대해 공정한 재판의 측면에서 의문이 제기되었다. 마치 국회측과 헌법재판소가 짜고서 신속한 파면절차를 진행하려는 것 아니냐는 질타가 쏟아졌다. 국회측 변호사는 위반된 법조항만 철회하는 취지이고 사안 자체의 헌법적 평가는 그대로 남아 있으므로 별 문제가 안 된다는 변명을 하였다.

'너희는 사실을 말해라, 법은 판사가 말하겠다'라는 관점에서 보면 문제가 없어 보이지만, 실은 탄핵소추 사유 자체가 '헌법이나 법률 위반'이므로, 어떤 법이 위반되었는지는 탄핵소추의 기본적 요건에 해당한다. 따라서 그것은 단순한 사실관계의 문제라거나 사실관계에 대한 법적 평가의 문제는 아니다. 애초에 특정 법률위반(내란죄)이 중대한 부분으로 다루어져 그것으로 탄핵소추의결 표결이 이루어진 것이었다. 그렇다면 그것을 뒤에 국회측 변호사가 임의로 철회를 할 수 있는 것인지 의문이다.

헌법재판소 판례를 보면(2016헌나1), "헌법재판소는 원칙적으로 국회의 소추의결서에 기재된 소추사유에 의하여 구속을 받고, 소추의결서에 기재되지 아니한 소추사유를 판단의 대상으로 삼을 수 없다. 그러나 소추의결서에서 그 위반을 주장하는 '법규정의 판단'에 관하여 헌법재판소는 원칙적으로 구속을 받지 않으므로, 청구인이 그 위반을 주장한 법규정 외에 다른 관련 법규정에 근거하여 탄핵의 원인이 된 사실관계를 판단할 수 있다."라고 한다. 그런데 이 판례에서 "그 위반을 주장하는 법규정의 판단"에 대하여 헌법재판소는 "원칙적으로 구속을 받지 않으므로"라고 하는데, 당시 박근혜 대통령 탄핵사건에서는 여러 가지 법률위반 조항들이 복합적으로 기재되어 있었다. 반면, 이 사건에서는 '내란죄' 부분은 탄핵 소추사유의 대부분을 차지할 정도로 중대한 비중의 것이며, 따라서 '예외적으로 구속을 받아야' 마땅하다.

다른 한편 동 결정은 "국회가 탄핵심판을 청구한 뒤 별도의 의결절차 없이 소추사유를 추가하거나 기존의 소추사유와 동일성이 인정되지 않는 정도로 소추사유를 변경하는 것은 허용되지 아니한다."고 한다. 이 사건에서 내란죄 부분을 제외한다면 '기존의 소추사유와 동일성이 인정되지 않는 것'이라고 볼 여지도 있다. 통상 소추사유는 사실관계이지만, 탄핵의 경우 헌법 제65조상 사실관계뿐 아니라 '법위반'까지 소추사유에 포함되는 것으로 보아야 할 것이다.

그런데 헌법재판소가 소추사유로 주장된 여러 개의 헌법이나 법률위반 중 일부만 인정하여, 그것만으로 중대성을 인정하여 파면에 이르고, 나머지 위반은 판단하지 않을 수 있다. 그런데 적어도 이 사건에서 국회측 변호사의 내란죄 탄핵소추사유 철회는 내란죄의 비중을 볼 때, 의결로 확정된 소추사유의 중요 부분을 구성하므로, 함부로 철회될 수 없는 것이다. 만약 그것이 변호사가 철회할 수 있다고 한다면, 헌법재판소는 이를 인정할 경우, 오히려 심판청구를 각하하고, 다시 국회의 재소추의결을 받아오라고 해야 할 것이다.

현실에서는 헌법재판소가 변호사의 내란죄 주장 철회에 대한 가부 판단을 하지 않고, 사건을 결정할 가능성이 크나, 재판소장 직무대행 등 소위 우리법연구회 출신 재판관들의 파면결정 의지가 워낙 강해 보이므로, 헌법재판소가 위 2016헌나1 결정의 판시를 그대로 원용해, 마치 이 사건도 '예외가 필요없는 것으로' 처리해서, 내란죄 부분 판단을 심판대상에서 뺄 수도 있다

그 경우 필자가 말했듯이, 과연 이 사건의 내란죄를 2016헌나1 결정에서 문제된 일반적 법위반들과 같은 맥락에서 볼 수 있느냐 하는 것에서, 구분하지(distinguish) 않은 점을 비판받게 될 것이다.

애초에 미국과 같은 나라에서는 대통령 탄핵소추는 각 법위반의 소추 항목별로 하원에서 각각 표결이 이루어지므로, 위와 같은 해프닝이 발생하지 않는다. 그만큼 우리 국회의 대통령 탄핵소추 절차가, 사실관계의 조사에 있어서 뿐만 아니라 개별적 탄핵소추사유의 관점에 있어서도 엉성하다는 반증이다.

(2) 수사기록의 증거능력 인정 문제

헌재 2016헌나1 결정에서 형소법상의 피의자 신문조서 등의 증거능력은 헌법재판의 특수성을 반영하여 변호인이 참여하거나 녹음이나 영상으로 기록된 피의자 신문조서 등 내용은 재판부가 증거능력을 인정할 수 있다고 법리 전개를 하

였다. 그런데 2020년 형소법이 개정되어 당사자가 법정에서 부인하면 그러한 신문조서는 증거능력이 없게 되었는데, 이번 윤 대통령 탄핵사건에서 헌법재판의 법리에 윤 대통령측이 이의를 제기하고, 재론을 요청하였으나, 문형배 재판소장 대행의 태도를 보면 종전 법리를 관철할 기세이다.

헌법재판소법 제40조는 탄핵심판에서 형사소송법을 준용하도록 되어 있는데, 다만 "헌법재판의 성질에 반하지 않는 한도내에서"라고 되어 있다. 그런데 2016헌나1 사건에서는 방대한 수사기록이 마련되어 있었고, 그것을 모두 현출시켜 증거조사를 하거나 당사자가 내용부인을 할 경우 증언자를 모두 출두시킬 수 없는 한계가 있었다.

그런데 윤 대통령 사건의 경우 그 정도로 방대한 수사기록이 존재하는 것이 아니며, 이미 2020년 형소법이 개정되었으므로, 적어도 이를 준용하는 이상, 종전 법리를 그 개정에 맞춰 일부 수정한다고 해서, 이를 "헌법재판의 성질에 반하는" 것이라고 볼 수는 없다. 오히려 수정하지 않는 경우 "헌법재판의 성질"을 재판부가 자의적으로 판단해 심리상의 편의만 도모하고, 피의자(피청구인)의 보호를 위한 형소법 규정을 왜곡시키게 된다.

따라서 헌법재판소는 종전 법리를 고집할 것이 아니라, 이를 변경하던지, 아니면 법정 증언이 수사기록 내용과 다를 경우 법정 증언(의 신빙성)을 우선적으로 고려하여 심리하여야 할 것이다.

(3) 피청구인의 증인신문, 변론 제한 문제

사인(私人)이 당사자인 다른 헌법재판과 달리 탄핵심판에서는 '변호사 강제주의'가 적용되지 아니한다. 즉, 피청구인 본인이 재판에서 변론할 수 있다. 그만큼 본인의 직접적인 항변권 행사가 탄핵심판에서 중요하다.

재판장의 소송지휘권이 있지만 피청구인 본인이 출두한 증인을 직접 신문하거나 변론하는 것은 되도록 허용되어야 한다.

탄핵사건은 본인의 공직 파면을 초래할 수 있는 중요한 재판이며, 더구나 대통령에 대한 탄핵심판은 대통령 개인을 넘어서는 이해관계가 존재한다. 따라서 국민의 선거로 당선된 대통령이 그 직을 잃을 위기에 처해 있는데, 대통령의 증인신문이나 변론을 단지 변호사의 그것과 중복성이 있다는 등의 이유로 제약시키는 것은 타당한 소송지휘권의 행사라고 볼 수 없다. 대통령 탄핵심판에서 재판장은 일반 민형사 재판상의 소송지휘권 행사보다 더 신중하게 소송지휘권을 행사하여야 한다. 더구나 재판장이 정치적 이념의 추종자로 취급되어 재판의 정치적 중립성이 문제되는 상황에서 헌법재판소는 절차적 정의를 더욱 철저하게 지켜야 했다.

마. 법위반의 '중대성' 문제

헌법 제65조 제1항은 "헌법이나 법률을 위배한 때"를 탄핵소추 사유로 삼고 있지만, 모든 헌법이나 법률 위배가 탄핵결정(파면결정)을 구성하는 것이 아니고, 그 중에서도 중대한 위반이 대통령 파면을 구성한다. 이는 헌법이나 법률 위배의 스펙트럼이 매우 넓고, 가벼운 위반의 경우에는 국민이 직접 선출한 대통령을 쫓아낼 수 없을 것이기 때문이다.

(1) 대통령 파면이유의 논리구조

(가) 2004헌나1 결정

헌법은 제65조 제4항에서 "탄핵결정은 공직으로부터 파면함에 그친다."고 규정하고, 헌법재판소법은 제53조 제1항에서 "탄핵심판청구가 이유 있는 때에는 헌법재판소는 피청구인을 당해 공직에서 파면하는 결정을 선고한다."고 규정하다. 여기서 '탄핵심판청구가 이유 있는 때'는 헌법재판소에 의하면 "공직자의 파면을 정당화할 정도로 '중대한' 법위반의 경우"를 말하며(헌재 2004. 5. 14. 2004헌나1 결정: 노무현 대통령 탄핵사건), 이는 "공직자의 '법위반 행위의 중대성'과 '파면결정으로 인한 효과' 사이의 법익형량"을 통하여 결정된다. 즉, 헌법재판소는 개념상 '법위반 행위의 중대성'과 '공직자의 파면을 정당화할 정도로 중대한 법위반'을 구분하였는데, 전자는 후자를 판단하기 위한 법익형량의 한 요소가 되며, 대칭되는 다른 요소는 '파면결정으로 인한 효과'이다. 즉, '법위반 행위의 중대성'과 '파면결정으로 인한 (부정적) 효과' 사이의 '법익형량'을 통해, 최종적으로 '탄핵사유가 이유 있는 때', 즉 '파면을 정당화할 정도로 중대한 법위반'이 있는지를 판단하겠다는 것이다.

그러면서 헌법재판소는 대통령의 파면의 경우에 일반적으로 발생할 수 있는 '파면결정으로 인한 효과'를 다음과 같이 판시하였다.

"대통령에 대한 파면결정은, 국민이 선거를 통하여 대통령에게 부여한 '민주적 정당성'을 임기 중 다시 박탈하는 효과를 가지며, 직무수행의 단절로 인한 국가적 손실과 국정 공백

3. 윤 대통령 탄핵 사건에서 이념 갈등 문제   87

은 물론이고, 국론의 분열현상 즉, 대통령을 지지하는 국민과 그렇지 않은 국민간의 분열과 반목으로 인한 정치적 혼란을 가져올 수 있다. 따라서 대통령의 경우, 국민의 선거에 의하여 부여받은 '직접적 민주적 정당성' 및 '직무수행의 계속성에 관한 공익'의 관점이 파면결정을 함에 있어서 중요한 요소로서 고려되어야 하며, 대통령에 대한 파면효과가 이와 같이 중대하다면, 파면결정을 정당화하는 사유도 이에 상응하는 중대성을 가져야 한다(2004헌나1)."

이상의 헌법재판소 판시의 법리적 체계를 요약하면 다음 표로 정리될 수 있다.

<법위반 행위의 중대성과 파면결정으로 인한 효과: 법익형량>

대통령의 법위반 행위의 중대성	v.	대통령 파면결정의 효과
		민주적 정당성 박탈
		국가적 손실과 국정 공백
		국론의 분열

대통령의 파면을 정당화할 정도로 중대한 법위반
헌법수호의 관점에서 중대한 위반행위
국민의 신임을 저버린 위반행위

그런데, 2004헌나1 결정에서의 그러한 법리 전개는 실제로는 일관되지 못했다. '법익형량'을 통하여 파면여부가 결정된다고 했음에도 그러한 법익형량이 실제로 이루어지지 않았다. 즉, '법위반 행위의 중대성'을 판단한 뒤 '파면결정으로 인한 효과'와 형량을 하는 과정이 없었다. 오히려 '법위반 행위의 중대성' 개념의 내용을 사전에 확정하는데 '파면결정으로 인한 효과'를 고려하고 있다. 즉, 대통령에 대한 '파면결정으로 인한 효과'가 '민주적 정당성의 임기 중 박탈, 국정 공백, 국론의 분열현상'을 초래할 수 있으므로, "파면결정을 정당화하는 사유도 이에 상응하는 중대성을 가져야 한다."고 판시하였다. 그러면서 다음과 같이 '대통령을 파면할 정도의 중대한 법위반'의 2가지 하부기준을 정하였다.

"'대통령을 파면할 정도로 중대한 법위반이 어떠한 것인지'에 관하여 일반적으로 규정하는 것은 매우 어려운 일이나, 한편으로는 탄핵심판절차가 공직자의 권력남용으로부터 헌법을 수호하기 위한 제도라는 관점과 다른 한편으로는 파면결정이 대통령에게 부여된 국민의 신임을 박탈한다는 관점이 함께 중요한 기준으로 제시될 것이다. 즉, 탄핵심판절차가 궁극적으로 헌법의 수호에 기여하는 절차라는 관점에서 본다면, 파면결정을 통하여 헌법을 수호하고 손상된 헌법질서를 다시

3. 윤 대통령 탄핵 사건에서 이념 갈등 문제   89

회복하는 것이 요청될 정도로 대통령의 법위반행위가 헌법수호의 관점에서 중대한 의미를 가지는 경우에 비로소 파면결정이 정당화되며, 대통령이 국민으로부터 선거를 통하여 직접 민주적 정당성을 부여받은 대의기관이라는 관점에서 본다면, 대통령에게 부여한 국민의 신임을 임기 중 다시 박탈해야 할 정도로 대통령이 법위반행위를 통하여 국민의 신임을 저버린 경우에 한하여 대통령에 대한 탄핵사유가 존재하는 것으로 판단된다."(2004헌나1)

이를 종합하여 보면, 2004헌나1 결정에서 '중대성' 법리의 논리 전개가, 애초에는 'A와 B 사이의 법익형량으로 C를 결정'하는 귀납적인 방식이었는데, 갑자기 'B를 고려하여 C를 결정'하는 연역적인 것으로 바뀌었고, 그 후 C를 구체화하기 위하여 (헌법의 수호와 대의민주주의의 관점에서) C'와 C"를 다시 도출하였다.

A: 법위반 행위의 중대성
B: 파면결정으로 인한 효과
C: 파면을 정당화할 정도로 중대한 법위반(탄핵사유가 이유 있는 때)
C': 자유민주적 기본질서를 위협한 행위(헌법수호의 관점)
C": 국민의 신임을 배신한 행위(대의민주주의의 관점)

이를 도식화 해보면 다음과 같다.

<법위반 행위의 중대성과 파면결정의 효과: 법익형량>

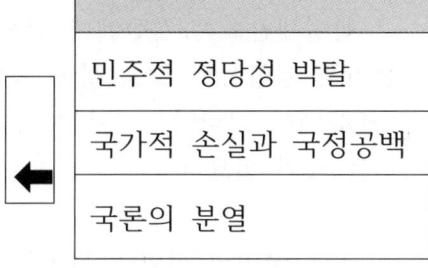

결국 그러한 논리 전개는 위 표들의 상이점이 보여주듯이, 논리적 일관성과 정합성을 보여주지 못하였다. 그 원인은 애초에 '중대성'이란 추상적 개념을 선험적으로 사용하면서, 한편으로 '법익형량'(Guterabwagung; Balancing of Interests)이란 접근방법을 애매하게 접목시켰기 때문으로 보인다. 그런 식으로 법익형량을 하려면 무엇이 '중대한 법위반'인지 그 범위나 내용이 미리 확정되어야 하는데, 무엇이 '중대한' 것인지 기준 자체가 불명한 상태에서는 이를 확정하여 법익형량을 하는 것이 곤란할 수밖에 없다. 그리하여 결국 2004헌나1 결정은 법익형량을 사실상 포기하고, 다음과 같은 전개과정으로 파면사유에 관한 법리를 구성하였다.

'대통령 파면결정'의 (부정적) 효과 → '파면사유로서 대통령의 중대한 법위반' 필요 → ①탄핵의 본질(권력남용으로부터 헌법수호)에서 도출한, '자유민주적 기본질서 위협 행위로서 법치국가와 민주국가원리를 구성하는 기본원칙에 대한 적극적 위반행위' 혹은, ②대의민주주의와 '민주적 정당성'에서 도출한, '국민의 신임을 배신하여 국정을 담당할 자격을 상실

한 경우'

헌법재판소의 결정에서 판시되는 법리는 내용의 설득력뿐 논리적 정합성도 갖출 것이 요청된다. 이 점에서 위 <표1>과 <표2>에서 나타나는 논리적 불일치성이 후속 사건에서 교정되는 것이 필요하였다.

(나) '국민의 신임을 저버린 위법성'과 '규범조화적 해석'

위에서 보았듯이 '법위반의 중대성'을 선험적으로 도입하려는 시도가 타당성을 지니기 어렵지만, 한편 대통령이 '민주적 정당성'을 강하게 지니는, 국민의 신임을 받아 선출된 최고 공직자란 점에서, '사소한 법위반'(흔히 교통법규 위반이 거론된다)만으로 파면시킬 수는 도저히 없는 것이었다. 그 점에서 법리적인 고민 끝에 2004헌나1 결정은 '국민의 신임을 배신한 것으로 볼만한 '고도의(중대한) 법위반'이 파면사유가 된다고 입론하였다.

대통령에 대한 파면사유가 '중대한 법위반'이어야 한다는 명제는 '국민이 선거를 통하여 대통령에게 부여한 민주적 정당성'을 임기 중 다시 박탈하는 것이므로, 탄핵소추사유와 대의민주주의의 민주적 정당성 사이에 '규범조화적 해석'을 한 것이라 볼 수 있다. 즉, 헌법 제65조 제1항은 단순히 "헌법이나 법률을 위배한 때"라고만 되어 있으나, 대통령의 경우는 헌법 제1조, 제67조 제1항에 따라 국민이 선거를 통하여 대통령에게 '민주적 정당성'을 부여하였으므로, 대통령을 파면시키려면 단순한 '헌법이나 법률 위배'만으로는 안 되고, 다시 예전에 부여된 국민의 신임(trust)를 배신한 정도로 평가

될 만큼 '중대한 헌법이나 법률 위배'를 한 경우여야 한다는 것이다.

이러한 해석방법에 따르면 헌법 제65조 제1항의 탄핵사유와 제67조의 대의민주주의에 따른 대통령 선출 규정도 상호간에 '합리적으로 조정하여 조화시키기 위한 노력'이 필요하며, 이로써 '헌법의 통일성'을 유지하는 것이다.

2004헌나1 결정에서는 뇌물수수 등 예를 들었다. 그런데 2004헌나1 결정에서 '중대한 법위반' 중 헌법수호의 관점에서 거론된 '자유민주적 기본질서 위반행위'는, 대통령이 국민의 신임을 저버린 대표적인 행위로서 파면을 정당화 할 중대한 법위반에 해당되는 전형적인 사례라고 볼 것이다. 그렇게 보지 않으면, 왜 '자유민주적 기본질서' 위반 행위만 파면사유가 되는지 논리적인 설명이 어렵다. 법익형량 내지 책임주의 혹은 비례의 원칙은 고정된 선험적인 것을 배제하고, 책임과 제재 간의 상응성을 귀납적으로 논증하는 구조인데, 만일 '자유민주적 기본질서' 위반 행위만 파면사유라고 한다면 이는 미리 기준을 정해 놓는 연역적 논증방법이므로 접근방법과 내용이 달라진다. 따라서 '중대한 법위반'이라는 법리의 구체적 내용은 미리 확정되거나 선험적으로 결정되기 어렵고, 구체적 정황과 법위반의 내용을 종합적으로 고려하여야 할 것이다.

헌법재판소는 2004헌나1 결정에서 직접 그러한 규범조화적 해석방법에 관하여 판시한 바는 없으나 '파면결정의 효과' 부분에서, "국민이 선거를 통하여 대통령에게 부여한 '민주적 정당성'을 임기 중 다시 박탈하는 효과"를 언급하고 있다. 이 점에 기초하여, "대통령이 국민으로부터 선거를 통하여 직접 민주적 정당성을 부여받은 대의기관이라는 관점에서" 파면사유가 '중대한 법위반'이 되어야 한다고 판시하였다. 결국 이는 헌법상의 탄핵소추사유와 대의민주주의에 따른 대통령의 민주적 정당성 사이에 규범조화적 해석을 한 것이라 볼 수 있다.

다시 말해, 헌법재판소가 대통령을 임기 중에 파면하려면, 이는 국민의 '과거의 뜻(대통령에게 준 신임)'에 어긋나게 되므로, 파면을 정당화하기 위해서는 국민의 '현재의 뜻(신임의 철회의사)'이 밝혀져야 하는바, '국민의 신임을 배신하는 정도의 중대한 위법'을 주어진 사안에서 객관적으로 판단해 내는 것이 헌법재판소의 역할이라고 볼 수 있는 것이다. 이러한 판단에는 '무엇이 국민의 뜻인가' 하는 정치적 요소가 고려될 수 있는 것이다. 이는 국민이 선출한 대통령에 대한 탄핵심판에서 불가피한 측면이 있다. 왜냐하면 대통령직은 우리나라에서 대의민주주의와 '민주적 정당성' 혹은 '국민의 신임'과 떠나서 임기 중 파면 문제를 논할 수 없기 때문이다. 그 점에서 미국 등 많은 나라에서 대통령 탄핵(파면)을 국민의 대의기관인 의회에서 정치적 과정으로 처리하고 있는 것이다. 그러므로 헌법재판소는, 법적 사유와 법적 절차로서 탄핵심판을 행하지만, '대통령을 파면할지 여부'의 판단에 있어서는 '국민의 신임도'라는 요소를 고려할 필요가 있을 것이다.

(다) 2016헌나1 탄핵결정의 경우

탄핵결정에서 헌법재판소는 피청구인의 법위반 행위를 다음과 같이 인정하였다.

<탄핵결정에서 인정된 법위반>

	헌법재판소가 인정한 탄핵사유	헌법이나 법률 위배
1	국정에 관한 문건 유출 지시·묵인	■ 비밀엄수의무 위배(국가공무원법 제60조 위반) ■ 대통령으로서의 지위와 권한을 남용 ■ 공익실현의무 위반(헌법 제7조 제1항 등 위반) ■ 기업의 자유와 재산권 침해(헌법 제15조, 제23조 제1항 등 위반)
2	최서원의 추천에 따른 공직자 인선	
3	케이디코퍼레이션 관련	
4	미르와 케이스포츠 관련	
5	플레이그라운드 관련	
6	더블루케이 관련	

헌법재판소는 위1과 2 사유에 대하여, "피청구인은 국민으로부터 위임받은 권한을 사적 용도로 남용하였다. 이는 결과적으로 최○원의 사익 추구를 도와 준 것으로서 적극적·반복적으로 이루어졌다. 특히, 대통령의 지위를 이용하거나 국가의 기관과 조직을 동원하였다는 점에서 그 법 위반의 정도가 매우 엄중하다."고 보았다.

또 "미르와 케이스포츠는 피청구인의 지시로 긴급하게 설립되었지만 막상 설립된 뒤 문화와 체육 분야에서 긴요한 공익 목적을 수행한 것도 없다. 오히려 미르와 케이스포츠는 실질적으로 최○원에 의해 운영되면서 주로 최○원의 사익 추구에 이용되었다."고 하면서, "피청구인이 최○원의 국정 개입을 허용하고 국민으로부터 위임받은 권한을 남용하여 최○원 등의 사익 추구를 도와주는 한편 이러한 사실을 철저히 은폐한 것은, 대의민주제의 원리와 법치주의의 정신을 훼손한 행위로서 대통령으로서의 공익실현의무를 중대하게 위반한 것이다."라고 하였다.

　그러면서 피청구인이 대국민 사과를 한 것이 진정성이 없었으며, 사법기관의 조사에 응하겠다고 했으면서 이를 거부하였으며, 이를 보면 "피청구인의 헌법수호의지가 분명하게 드러나지 않는다."고 평가하였다. 그러면서 다음과 같이 최종적인 이유로써 파면결정을 하였다.

> "이상과 같은 사정을 종합하여 보면, 피청구인의 이 사건 헌법과 법률 위배행위는 국민의 신임을 배반한 행위로서 헌법수호의 관점에서 용납될 수 없는 중대한 법 위배행위라고 보아야 한다. 그렇다면 피청구인의 법 위배행위가 헌법질서에 미치게 된 부정적 영향과 파급 효과가 중대하므로, 국민으로부터 직접 민주적 정당성을 부여받은 피청구인을 파면함으로써 얻는 헌법수호의 이익이 대통령 파면에 따르는 국가적 손실을 압도할 정도로 크다고 인정된다."

　이러한 판시는 파면여부에서 피청구인의 법위반 행위의 경중을 따지고, 피청구인이 과연 국민의 신임을 배신한 정도에 이른 것인지를 종합적으로 고려한 결과이다. 그것이 "국민의 신임을 배반한 행위로서 헌법수호의 관점에서 용납될 수 없는 중대한 법 위배행위"라고 귀결된 것이다. 이러한 '통합적 평가는 종전 2004헌나1 결정의 법리 전개보다 타당한 방향'이라고 볼 것이다.

　다만 '국민의 신임을 배반한 행위'의 구체적 판단기준은 여전히 불분명하고, 그것이 법위반의 행태와 내용에 관련된 것인지, 아니면 대국민 사과나 공언의 진정성과 이행에 관한 것인지 애매한 측면이 있다. 하지만 대통령 탄핵(파면)이라는 고도의 법적·정치적 결과를 정당화하기 위해서 엄정한 법논리만으로 접근할 수 없는 사안의 특수성이 존재한다. 헌법재판을 '정치적 사법'이라고 보는 견해가 유력하게 존재하듯이, 헌법재판, 그 중에서도 대통령의 탄핵심판은 그 성질상 순수하게 법적 논증과 판단으로서 이루어지기 어렵다고 본다. 이는 결국 법리적 검토와 정치적 현상에 대한 인식이 종합적으로 반영된 헌법재판관들 2/3 이상의 민주적 결단이라고 볼 수밖에 없다. 그런 재량권한을 고려하여 헌법재판관들이 국정의 한 중요한 담당자로서 선택된 것이다.

피청구인의 행위는 피청구인도 자인하였듯이, 대한민국 국민들에게 "이루 말할 수 없는 큰 실망"을 주었으며, 대통령을 믿고 국정을 맡긴 주권자들에게 "돌이키기 힘든 마음의 상처"를 가져왔다(2016. 11. 4.자 대국민 사과문). 피청구인에 대한 파면결정은 국론의 분열보다는 국론의 통일에 기여할 것이 명백하였다. 헌법재판소로서는 이러한 정치적 현실을 고려할 필요가 있는 것이었다.

(2) 윤 대통령 탄핵의 경우

다음과 같은 점들이 고려되어야 할 것이고, 그 고려 정도에 따라, 위법은 있지만 파면될 정도의 중대한 위법은 아니라고 볼 여지가 있다.

- 계엄의 요건 구비 여부에 국가원수인 대통령의 판단 재량이 인정되어야 하며 대법원 판례와 같이 헌법재판소가 자신의 견해로 이를 함부로 대체하는 것은 부적절하다. 다만 내란행위에 해당하는 '국헌문란의 목적'이 있는 경우에는 사법심사가 가능하다는 것이 대법원의 판례이다. 그런데 헌법재판소는 계엄선포 행위의 합헌성 여부 판단의 최종 해석권자이

므로, 대법원의 판례와는 달리 내란죄 혐의 유무에 관계없이 계엄선포의 헌법합치성 여부를 판단할 것으로 보인다. 이는 현실적으로 헌법재판소가 내란죄 여부를 판단하지 않는 경우, 대법원 판례에 의하면 계엄선포의 적법성 여부 판단 자체를 할 수 없게 되기 때문에 더욱 그러하다.

- 대통령 탄핵제도는 헌법재판소가 누차 '자유민주주의를 수호하기 위한 제도'로 규명하였는데, 이 사건에서 피청구인은 자유민주주의 위반이 아니라 오히려 자유민주주의 수호를 위한 조치로서 비상계엄을 선포하였다고 하며, 그 부분은 객관적 사실에 의하여 주장되고 있으므로, 객관적 사실에 대한 평가 여부 문제는 별론으로 하고, 피청구인의 그러한 주장은 헌법재판소에서 고려될 수 있을 것이다.

즉, 객관적 근거로서 국회는 29차례 공무원 탄핵소추 남용, 행정부에 대한 부당한 예산삭감, 간첩 문제, 의회의 독재적 권한행사, 친북친중 경향에 따른 안보위협과 한미동맹 훼손(이는 윤 대통령 탄핵소추안 1차안에서 윤 대통령을 중국, 러시아를 무시하고 미국과 일본에 대한 외교협력에 주력했다는 이유로 '외환죄'를 거론한 것에서 찾아볼 수 있음) 등이 있다.

윤 대통령은 최후변론에서 반국가세력을 말하면서, "2023년 적발된 민주노총 간첩단 사건만 봐도 반국가세력의 실체를 쉽게 확인할 수 있다"고 말했는데, 실제로 2023년 5월, 민주노총 간부 등 4명은 북한과 연계된 간첩 활동 혐의로 기소되어, 2024년 11월 1심 판결에서 3명이 유죄판결을 받았다. 피고인들은 해외에서 북한 공작원을 만나고 군사시설 정보 등을 수집하였고, 북한의 지령에 따라 총파업 등 다양한 활동을 하였다. 윤 대통령은 "이러한 간첩 활동을 막는 우리 사회의 방어막은 오히려 약해지고 곳곳에 구멍이 난 상태"라면서 "민주당 정권의 입법 강행으로 2024년 1월부터 국정원의 대공수사권이 박탈되고 말았다. 전문성과 경험이 부족한 경찰에 대공수사권이 넘어가 버렸다. 간첩이 활개치는 환경을 만든 것이다"라고 주장했다. 이 주장도 사실이다. 문재인 정부 시기인 2020년 12월 13일 국정원법 개정안이 통과돼 2024년 1월 1일부터 국정원의 대공수사권이 폐지됐다.

- 야당의 이념적 성향이 대한민국 헌법의 자유민주주의에 부합되지 않는 것은 객관적으로 인정될 수 있다. '자유'를 삭제하려는 개헌이 시도된 적도 있다. 조국 전 법무부장관은 청문회에서 자신은 사회주의자라고 밝혔다.

- 국무회의 절차, 계엄법 위반, 국회와 중앙선관위에 대한 병력 동원 및 개별행위에서 일부 법위반이 있다고 보더라도 대통령을 파면할 정도 중대성 여부는 별도로 판단되어야 한다.

- 비상계엄 때보다 현재의 여론 경향은 대통령에 대한 지지율이 증가하였다. 예를 들어, 2월 25일자 문화일보는 ㈜에브리서치 조사결과를 보도하였는데 윤 대통령의 지지율이 48.2%였다. 박근혜 대통령의 경우는 탄핵심판 변론 종결 당시 한자리수 지지율에 머물렀다. 탄핵심판 인용에 재판관 6인(2/3) 동의가 필요한 것을 감안하면, 적어도 대통령에 대한 불신 여론이 2/3 이상이 되었을 때가 되어야, 국민의 신임을 배신할 정도의 상태라고 볼 수 있다.

대통령에 대한 탄핵심판에서 '국민의 신임을 저버렸는지'를 고려한다고 해서, '여론재판'을 한다는 것은 아니다. 이는 '파면에 이를 중대한 법위반'을 판단하기 위한 고려사항으로서, 과연 '주권자인 국민이 대통령에 대한 신임을 철회한 것이라 볼 수 있는지'가 사법기관에 의하여 검토되어야 한다는 것을 뜻한다. 참고로, 미국 연방대법원의 200년간의 판례를 조사한 뉴욕대의 Barry Friedman 교수는 『The Will of the People: How Public Opinion Has Influenced the Supreme Court and Shaped the Meaning of the Constitution』(2009)에서, 연방대법원이 역사적으로 주요 결정에서 항상 국민의 뜻을 따르는 판결을 하여 왔다고 분석하였으며, 이는 사법심사의 올바른 방향이라고 보았다.

물론 '국민의 신임 배신'이라는 파면기준은 법적 요건으로서 불명확하지만, 이는 대통령 탄핵이 애초에 단순히 법적 문제로서만 종결될 수 없는 정치적 특성을 지니고 있고, '법과 정치'는 헌법재판의 영역에서는 쉽게 구분되는 개념이 아니므로, 신중한 접근이 필요하다.

그 기준의 불명확성은, 별도로 법익형량을 통하여 보완될 수 있고, 탄핵결정에서는 그러한 법익형량 방법이 적용된다. 즉, 2016헌나1 결정에서는, "법 위배행위가 헌법질서에 미치게 된 부정적 영향과 파급 효과가 중대하므로, 국민으로부터 직접 민주적 정당성을 부여받은 피청구인을 파면함으로써 얻는 헌법수호의 이익이 대통령 파면에 따르는 국가적 손실을 압도할 정도로 크다"라고 판단하였다.

또 동 결정에서 헌법재판소는 피청구인의 대국민 사과나 수사협조 등을 언급하였는데, 이에 대하여 학자들은 소추사유도 아닌 것을 판시하였다고 비난하나, 헌법재판에서 법익형량의 다양한 요소를 헌법재판소가 직권으로 검토할 수 있으며, 해당 법익의 내용을 다양하게 설정·평가한 것이라 볼 수 있다.

- 한편 복귀되면, 추가적인 계엄선포는 (전시나 안보 상황

이 아니면) 없을 것이라고 최종 변론에서 공언하였다.

- 이번 비상계엄 사태가 국민이 예상하지 못한 무리한 사항이었으나, 이로 인하여 국민의 기본권이 침해된 것이 아니고, 국회의 거듭된 행정부 공직자에 대한 탄핵소추, 심각한 예산삭감 등의 사유로 대통령령으로서 도저히 정상적으로 업무를 수행할 수 없었다는 대통령의 인식은 나름대로 존중되어야 할 것이다.

- 또 재판에서 고려될 내용은 아니지만, 현재 유력한 야당 대표 이재명은 선거법위반 사건에서 1심에서 피선거권 박탈형의 유죄판결을 받았으며, 설령 탄핵인용이 되어 2개월내 대선이 치뤄지고 설령 그가 당선되어도, 1년도 안 되어 대법원에서 유죄가 확정되면 다시 대통령 선거가 이루어져야 하므로 국가적 혼란이 또 가중될 것이다. (이재명 대표는 자신이 대통령으로 당선되면 내란죄와 외환죄 사건이 아닌 한 재판은 중지되어야 한다고 주장하나, '소추'가 중지될 뿐이지(헌법 제84조) 진행되던 선거법위반 등 재판은 중지된다고 해석되기 어렵다. 그런 해석은 문리해석의 범위를 넘을 뿐 아니라, 살인이나 강간범도 일단 대통령이 되면 임기가 끝날 때까지 재판을 중지하여야 한다는 결론인데, 국민이 대통령선거를 하면서 유무죄 판단까지 한 것도 아니며, 국격과 통치의 최소한의 도덕성 문제이므로, 합목적적 해석을 해봐도 어불성설이라고 본다.)

4. 박근혜 대통령 탄핵사건

　대통령 탄핵사건을 언급하면서 박근혜 대통령 탄핵결정도 분석이 필요하다. 박 대통령의 파면결정은 진보좌파측의 대중 선동의 결과이거나 잘못된 헌법재판이었다고 보는 견해가 있다. 물론 그런 측면이 있지만 필자는 박 대통령 탄핵은 보수우파와 진보좌파의 이념적 대립의 산물이아고 보지는 않는다. 당시 박 대통령의 국민지지도는 한자리 숫자였으며 국민적 실망감이 상당했다. 헌법재판소가 인정한 주된 소추사유는 피청구인이 기업경영의 자유를 침해하였다는 것이었으며, 이는 자본주의 시장경제질서에 반하는 공권력에 의한 경제질서 훼손을 뜻한다. 따라서 그러한 파면이유는 보수우파의 자유민주주의 이념에 반하는 대통령의 행위에 대한 것이었다.

가. 헌법재판소가 인정한 사실

　국민에 의하여 직접 선출된 대통령을 파면하는 경우 상당한 정치적 혼란이 발생할 수 있지만, 이는 국가공동체가 "자유민주적 기본질서를 지키기 위하여 불가피하게 치러야 하는 민주주의의 비용"이다(2014헌나1 탄핵결정).
　박근혜 대통령의 잘못에 있어서, 자유민주주의를 위반한 것이 주목된다. 그것은 권력의 사유화를 통한 권력남용, 그리고 기업경영의 자유 침해로 나타난 시장경제질서의 위반이다. 흔히 박근혜 대통령은 아무런 잘못이 없고, 돈 1원도 안 받았는데 부당하게 탄핵되었다는 주장이 있으나, 그런 점이 부각되어 파면결정이 나온 것은 아니다. 또 소위 '태블릿 PC 조작' 여부나, 뇌물죄의 인정 여부는 탄핵결정의 이유가 아니

없다. 더구나 탄핵결정이 밝혔듯이 "최서원이 고영태 등에게 속거나 협박을 당하였는지 여부는 이 사건 판단과 상관이 없다."는 것이다. 주된 탄핵(파면)이유를 다시 나열하면 다음과 같다.

<헌법재판소의 탄핵이유: 2016헌나1>

	헌법재판소가 인정한 탄핵사유	헌법이나 법률 위배
1	국정에 관한 문건 유출 지시·묵인	■ 비밀엄수의무 위배(국가공무원법 제60조 위반) ■ 대통령으로서의 지위와 권한을 남용 ■ 공익실현의무 위반(헌법 제7조 제1항 등 위반) ■ 기업의 자유와 재산권 침해(헌법 제15조, 제23조 제1항 등 위반)
2	최서원의 추천에 따른 공직자 인선	
3	케이디코퍼레이션 관련	
4	미르와 케이스포츠 관련	
5	플레이그라운드 관련	
6	더블루케이 관련	

탄핵결정에서 인정된 '헌법이나 법률 위배'의 대다수(위 표의 2 내지 6)가 '대통령의 권한 남용과 기업의 자유와 재산권 침해'이다. 이는 자유민주주의의 시장경제질서상 중요한 내용이 훼손된 것을 의미한다.

나. 자유민주주의와 시장경제질서

자유민주주의는 국민주권주의와 함께 우리 헌법의 최고 이념이다. 대통령을 포함한 모든 국가기관과 국민이 존중하고 지켜가야 최고의 가치질서이다. 헌법은 '자유민주적 기본질서'라는 개념으로 자유민주주의를 표현하고 있다(전술). 경제는 국민 생활의 토대이다. 우리 헌법은 자본주의 시장경제질서를 원칙으로 한 자유민주주의 체제이다.

그런데 헌법재판소에 의하면, 박근혜 대통령은 '대통령의 지위와 권한을 남용'하고 '기업의 자유와 재산권을 침해'하였다. 국민의 신임을 받아 권력을 위임받은 대통령이 최서원(최순실)에게 "정부의 정책 추진 방향 또는 고위공무원 등 인사에 관한 정보"를 '유출 지시·묵인'하고, 최순실이 추천하는 사람을 문화체육관광부 장관, 차관, 대통령비서실 교육문화수석비서관으로 임명하여 '최순실의 이권 추구를 돕는 역할'을 하게 한 것은 '대통령으로서의 지위와 권한을 남용'한 것이고, 대통령은 대기업으로 하여금 재단의 출연금을 사실상 강제하고, 국가의 인·허가권한 등 영향력을 배경으로 하여 개별 민간기업의 인사와 기업경영에 아무런 법적 근거 없이 개입하였다. 헌법재판소가 인정한 구체적 내역은 다음과 같다.

	대상	대통령의 기업경영의 자유 침해
1	케이디코퍼레이션 관련	안종범으로 하여금 최순실의 지인 회사 케이디코퍼레이션이 현대자동차와 수의계약으로 제품을 납품하도록 하였음
2	재단법인 미르와 케이스포츠 관련	미르와 케이스포츠를 설립하도록 지시하고, 안종범으로 하여금 기업들에게 거액의 출연을 요구하였고, 최순실이 추천하는 사람들을 그 임원진이 되도록 한 뒤,

		최순실이 실질적으로 운영하는 플레이그라운드커뮤니케이션즈와 더블루케이를 통해 위 재단들을 이권 창출 수단으로 활용함
3	플레이그라운드 관련	- 안종범으로 하여금 KT에 대하여 특정인 이○수를 홍보요원으로 채용하도록 요구하여 브랜드지원센터장(전무급)에 채용하도록 한 뒤, 보직을 변경시켜 광고업무 총괄 담당 본부장으로 하도록 하였고, 또 신○성을 브랜드지원 담당으로 채용하게 하였으며, 이후 이들이 플레이그라운드가 KT의 광고대행사로 선정되도록 하여 플레이그라운드가 KT 광고 66억을 발주 받도록 함 - 안종범으로 하여금 플레이그라운드가 현대자동차와 기아자동차에게 9억원 상당의 광고를 발주하도록 함
4	더블루케이 관련	- 안종범을 통하여 그랜드코리아레저에게 장애인 펜싱팀을 창단하고 최순실이 설립한 더블루케이가 선수관리 등 업무를 맡도록 함 - 포스코 회장 권○준과 독대하면서 스포츠팀 창단을 권유하고, 포스코로 하여금 계열회사 포스

| | | 코피앤에스 산하에 펜싱팀을 창단하고 그 운영을 더블루케이에게 맡기도록 함
- 교육문화수석비서관 김○률에게 각 지역 스포츠클럽의 운영과 관리를 전담할 '컨트롤타워'를 설립하고, 그 운영에 케이스포츠가 관여하는 방안을 지시하였고, 김○률은 이를 김○에게 전달하고 문화체육관광부는 '광역 거점 케이스포츠클럽' 운영주체를 공모하는 절차에 케이스포츠가 참여할 수 있게 함
- 롯데그룹 회장 신○빈을 독대하면서, 정부가 전국 5대 거점 지역에 체육시설을 건립하려고 하고 케이스포츠가 이를 추진할 것이니 지원해주기 바란다고 요청하였고, 이를 바탕으로 최순실의 측근인 박○영과 고○태가 롯데그룹 임원에게 체육시설 건설비 70억 원과 부대비용 5억 원의 지원을 요구하였고, 롯데그룹은 6개 계열사를 동원하여 케이스포츠에 70억 원을 송금하였음 |

대통령의 이러한 행위는 기업의 재산권과 기업경영의 자유 침해로서, 이는 자유민주주의 헌법에서 허용되기 어려운

경제질서에 개입이자 권한남용에 해당하는 것이었다. 헌법재판소는 이를, "임의적 협력을 기대하는 단순한 의견제시나 권고가 아니라 사실상 구속력 있는 행위"를 한 것으로서, "아무런 법적 근거 없이 대통령의 권한을 이용하여 기업의 사적 자치 영역에 간섭한" 것이라고 판시하였다. 결국 헌법이 보장하는 자본주의 시장경제질서를 대통령이 위반한 것이라는 취지이다.

구체적으로 기업에 대한 '사실상 구속력'의 증거를 살펴보면, 2016. 12. 6. 국정조사에서 엘지그룹의 구본무 회장은 "기업 입장에서 정부정책을 따를 수밖에 없는 게 현실이라고 생각합니다."라고, 지에스그룹의 허창수 회장(전경련 회장이기도 합니다)은 "미르하고 케이스포츠는 청와대 요청을 우리 기업이 거절하기가 참 어려운 것이 기업하는 사람들의 입장입니다"(박근혜정부의최순실등민간인에의한국정농단의혹사건진상규명을위한국정조사특별위원회회의록 제4호, 14쪽)라고 각각 증언하였다. 검찰 조사에서 대림그룹의 배선용은 "전경련에서 청와대 주도로 재단을 설립한다는 취지를 전달하였기 때문에 구체적인 사업내용, 진행절차에는 특별한 관심을 가지지 않았고, 그냥 할당받은 금액만 납부하면 된다고 생각을 했습니다."라고 진술하였고, 한진그룹 김재호는 "다들 난감해 하면서도 대통령이 질책을 하여 경제수석이 시급하게 진행을 하는 것인데 이거 뭐 선택의 여지가 있겠느냐"라고 하였고, 두산그룹의 김병수는 청와대 경제수석이 챙기고, 대통령이 추진하는 것이기 때문에 회사 입장에서는 출연 안하기는 어려웠다고 봐야되지 않겠느냐는 취지로 진술하였으며, 포스코의 최정우는 대기업의 입장에서 출연을 거부하기 어렵다는 취지로 진술하였고, 아모레퍼시픽의 백정기는 "청와대가 회사를 지목하였다는 사실을 알았기 때문에 회사 입장에서는 (출연을) 거절하거나 반대하지 않았습니다." "현실적으로 (출연을) 거부하기 어려웠습니다."라고 진술하였다.

　이는 기업들이 대통령과 경제수석의 요구에 얼마나 취약할 수밖에 없는지를 보여주는 사례이다. 이는 정경유착 내지 관치경제의 답습으로서, 대통령이 기업에게 금품제공을 사실상 강요하고 구체적인 인사청탁을 함으로써, 민간기업과 정부 사이의 경계선을 넘어섰다. 비록 민간기업 역시 그러한 행위의 대가로 모종의 이익을 기대하였거나 그것이 뇌물제공죄를 구성한다 해도, 그러한 사정이 대통령의 권력남용과 시장질서 위반행위를 벗어나게 만드는 것은 아니다.

　탄핵결정에서 안창호 재판관은 별개의견으로, 우리 헌법에서 '효과적인 견제장치'가 없거나 제대로 작동되지 않는 '제왕적 대통령제'가 문제라고 지적하면서, '재벌기업과의 정경유착'에 관련하여 다음과 같이 의견을 피력하였다.

> "과거 재벌기업은 정치권력의 보호 속에서 고도 경제성장을 이뤄낸 산업화의 주역이었음을 부인할 수는 없다. 그러나 재벌기업 중심의 경제성장은 정경유착과 이로 인한 불법과 부패의 원인이 되기도 하였다. 정치권력의 재벌기업과의 정경유착은 재벌기업에게는 특권적 지위를 부여하는 반면, 다른 경제주체의 자발성과 창의성을 위축시키는 결과를 초래하기도 하였다.
> 　현행 헌법은 … [제119조 제1항, 제2항] …라고 규정하고 있다. 이는 개인과 기업의 경제상의 자유와 창의를 보장하면서도 과거 재벌기업 중심의 경제정책과 정경유착에서 벗어나 경제민주화를 실현하겠다는 헌법적 선언이다.
> 　그러나 1987년 헌법개정 이후에도 정치권력과 재벌기업

> 의 정경유착의 모습은 계속 나타나고 있다. 이 사건 심판에서도 피청구인은 비밀리에 대통령의 권한을 이용하여 재벌기업으로 하여금 피청구인이 주도하는 재단에 기금을 출연하도록 한 사실이 확인되었다. 대통령 권력의 과도한 집중은 정경유착의 원인이 되어 시장경제질서의 골간인 개인·기업의 재산권과 경제적 자유를 침해하고 경제적 정의와 사회적 공정성 실현의 걸림돌이 될 수 있음을 단적으로 보여준다."

헌법은 국정이 이탈하지 않도록 국민이 정한 궤도다. 이는 남용되기 십상인 권력에 대한 '견제와 균형'의 장치다. 그것은 불완전한 인간들이 연출하는 부조리한 현실을 정신적·윤리적·제도적 이상(理想)으로 끌어올리는 최고의 당위 규범이다. 대통령은 헌법을 준수하고 헌법을 수호할 책무를 진다(헌법 제66조 제2항, 제69조). 자유민주주의는 우리 헌법의 최고 이념이며 모든 국가기관과 국민이 존중하고 지켜가야 하는 가치규범이다. 대통령은 자유민주주의를 '준수'하고 '수호'해야 할 중대한 의무가 있다. 그러므로 박근혜 대통령이 권력을 남용하여 기업경영의 자유와 시장경제질서를 훼손하여 자유민주주의를 위반한 것은 탄핵을 초래할 성질의 것이었다.

나. 탄핵결정의 정당성

2014헌나1 탄핵결정은 우선 최순실이 공직자 인사와 대통령의 공식일정 및 체육정책 등 여러 분야의 국가정보를 전달받고 국정에 개입한 것을 "국민으로부터 위임받은 권한을 사적 용도로 남용하였다."고 보았으며, 이는 "결과적으로 최서원의 사익 추구를 도와 준 것으로서 적극적·반복적으로 이루어졌다. 특히, 대통령의 지위를 이용하거나 국가의 기관과 조직을 동원하였다는 점에서 그 법 위반의 정도가 매우 엄중하다."고 평가하였다. 다음으로, 미르와 케이스포츠 설립과 관련하여 "피청구인은 기업들이 자발적으로 모금하였다고 주장하지만 기업들이 스스로 결정할 수 있었던 사항은 거의 없었다."고 보면서, "기업들은 출연금이 어떻게 쓰일 것인지 알지도 못한 채 전경련에서 정해 준 금액을 납부하기만 하고 재단 운영에는 관여하지 못하였다. 미르와 케이스포츠는 피청구인의 지시로 긴급하게 설립되었지만 막상 설립된 뒤 문화와 체육 분야에서 긴요한 공익 목적을 수행한 것도 없다. 오히려 미르와 케이스포츠는 실질적으로 최서원에 의해 운영되면서 주로 최서원의 사익 추구에 이용되었다."고 보았다.

그러면서, "국민으로부터 직접 민주적 정당성을 부여받고 주권 행사를 위임받은 대통령은 그 권한을 헌법과 법률에 따라 합법적으로 행사하여야 함은 물론, 그 성질상 보안이 요구되는 직무를 제외한 공무 수행은 투명하게 공개하여 국민의 평가를 받아야 한다."고 전제한 뒤, 박근혜 대통령의 사후 처리행위를 비판하였다. 즉 "피청구인은 최서원의 국정 개입을 허용하면서 이 사실을 철저히 비밀에 부쳤다. 피청구인이 행정부처나 대통령비서실 등 공적 조직이 아닌 이른바 비선 조직의 조언을 듣고 국정을 운영한다는 의혹이 여러 차례 제기되었으나, 그때마다 피청구인은 이를 부인하고 의혹 제기 행위만을 비난하였다."고 하고, "2014년 11월 세계일보가 정윤회 문건을 보도하였을 때에도 피청구인은 비선의 국정 개입 의혹은 거짓이고 청와대 문건 유출이 국기문란 행위라고 비판하였다."고 서술하였다.

그리하여 "피청구인이 최서원의 국정 개입을 허용하고 국민으로부터 위임받은 권한을 남용하여 최서원 등의 사익 추구를 도와주는 한편 이러한 사실을 철저히 은폐한 것은, 대의민주제의 원리와 법치주의의 정신을 훼손한 행위로서 대통령으로서의 공익실현 의무를 중대하게 위반한 것이다."고 평가하였다. 나아가 "피청구인은 최서원의 국정 개입 등이 문제로 대두되자 2016. 10. 25. 제1차 대국민 담화를 발표하면서 국민에게 사과하였으나, 그 내용 중 최○원이 국정에 개입한 기간과 내용 등은 객관적 사실과 일치하지 않는 것으로 진정성이 부족하였다."고 보았다. 또 "이어진 제2차 대국민 담화에서 피청구인은 제기된 의혹과 관련하여 진상 규명에 최대한 협조하겠다고 하고 검찰 조사나 특별검사에 의한 수사도 수용하겠다고 발표하였다. 그러나 검찰이나 특별검사의 조사에 응하지 않았고 청와대에 대한 압수수색도 거부하여 피청구인에 대한 조사는 이루어지지 않았다."는 점을 지적하였다.

헌법재판소는 박근혜 대통령의 헌법수호 의지의 결여를 지적하였다. 즉 "위와 같이 피청구인은 자신의 헌법과 법률 위배행위에 대하여 국민의 신뢰를 회복하고자 하는 노력을 하는 대신 국민을 상대로 진실성 없는 사과를 하고 국민에게 한 약속도 지키지 않았다. 이 사건 소추사유와 관련하여 피청구인의 이러한 언행을 보면 피청구인의 헌법수호의지가 분명하게 드러나지 않는다." 그 결과, "피청구인의 이 사건 헌법과 법률 위배행위는 국민의 신임을 배반한 행위로서 헌법수호의 관점에서 용납될 수 없는 중대한 법 위배행위라고 보아야 한다."고 평가하면서, 결론적으로 "그렇다면 피청구인의 법 위배행위가 헌법질서에 미치게 된 부정적 영향과 파급 효과가 중대하므로, 국민으로부터 직접 민주적 정당성을 부여받은 피청구인을 파면함으로써 얻는 헌법수호의 이익이 대통령 파면에 따르는 국가적 손실을 압도할 정도로 크다"고 판단하였다.

이를 분석하면, 2가지 점에서 그와 같은 파면 결론에 이른 것을 볼 수 있다.

첫째, 대의민주제의 원리와 법치주의의 정신을 훼손한 행위로서 대통령으로서의 공익실현의무를 중대하게 위반한 것이다. 국민으로부터 민주적 정당성을 부여받았지만, 그 권한을 직접 행사하지 않고 최순실의 국정개입(국정농단)을 허용한 점과, 국정 및 공직을 최순실 등의 사익추구에 이용되도록 한 점, 그리고 이들을 철저히 비밀에 부치고 국정농단 의혹을 부인하고 오히려 비난하고 비판한 점이다.

둘째, 국민을 상대로 진실성 없는 사과를 하고 국민에게 한 약속도 지키지 않아 헌법수호의지가 없었다는 점이다. 즉, 1차 대국민 담화의 내용이 객관적 사실과 일치하지 않아 진정성 부족한 점과, 2차 대국민 담화에서 진상규명에 협조하고 검찰이나 특별검사의 수사를 수용하겠다고 발표하였으나 응하지 않았고, 청와대 압수수색도 거부하여 조사가 이루어지지 않은 점이다.

이러한 헌법재판소의 판단에 논리적 비약이나 설득력에 문제가 있다고 보기는 어렵다. 국민주권주의와 대의민주주의에 따라 국민이 대통령에게 위임한 중요한 국가권력을 최순실이 실질적으로 행사하도록 용인하였을 뿐만 아니라, 이를 통하여 최순실 등의 사적 이익 추구를 허용·방조한 행위는, 공권력과 공직을 공공의 이익 아닌 사적 이익을 위하여 봉사하도록 한 행위였다. 이는 공동체로서 국가가 공공복리를 추구하기 위하여 존재한다는 목적을 훼손하는 것이다.

대기업에 강요하여 법적 근거도 없이 재산출연을 하도록 하고, 최순실 등의 사익을 위하여 민간기업에게 인사청탁까지 한 행위는, 자유민주주의 국가에서 허용될 수 없는 대통령의 경제개입행위로서, 사적 자치에 입각한 자본주의 시장경제질서에 반하는 것이었다. 나아가 대통령은 국민들에게 진실성 없는 사과를 하고 약속한 내용조차 지키지 않아 이미 어긴 국민과의 신뢰를 다시 한 번 훼손하였다. 이러한 사항들을 종합적으로 보면, 박근혜 대통령은 국민이 선거로써 부여해 주었던 신임(trust)을 배반하는 정도의 행위를 한 것이고, 앞으로도 헌법수호의 의지가 없다고 평가되는 것들이었다. 따라서 해당 헌법과 법률 위반행위는 파면결정을 정당화 할 정도의 중대한 위법성을 구성하는 것이라고 볼 수 있는 것이었다.

혹자는 헌법재판소가 대통령이 대국민 담화의 내용을 지키지 않은 것과 검찰 수사에 불응한 것들은 탄핵소추에 없던 내용이므로, 이를 근거로 파면결정을 하는 것은 잘못이라고 주장한다. 그러나 파면여부 결정은 '위법행위의 중대성'과 '대통령을 파면했을 때의 부정적 효과'를 비교해서 '법익형량'(Balancing of Interests)을 하는 것이며, 이 경우 구체적으로 무엇을 어떻게 비교하여 법익형량을 할 것인지는 헌법재판소의 직권 판단의 범위에 속한다. 이는 탄핵사건에서만 그러한 것이 아니라, 통상의 헌법소송에서, 과잉금지원칙(비례의 원칙) 심사에서 '법익의 균형성 원칙'을 심사할 때도 적용된다. 즉 비교형량하는 공익과 사익의 구체적인 세세한 내용을 헌법재판소가, 기록과 심리결과를 종합하여, 나름대로 설시할 수 있는 것이다.

보수우파를 자임하는 많은 사람들이 박근혜 대통령 탄핵이 좌파들의 계략에 의한 것이고, 헌법재판소의 잘못된 결정이라고 보고 있다. 그런데 '이게 나라냐', '박근혜 탄핵'을 외친 광화문 등 촛불집회(2016년 10월~2017년 2월)는, 그 개최자가 누구였는지는 별론으로 하고, 수많은 시민들이 자발적으로 참가한 것이었다. 그것은 국가권력의 사유화(私有化)와 국정농단에 대한 거센 거부감과 비판이었다고 봐야 할 것이다.

그 열기는 매우 강렬하여 대통령에 대한 지지도는 한 때 응답자의 4%까지 떨어졌다. 이는 여론 조작과 선동만으로는 이루어질 수 없는 수치임이 분명하다.

촛불집회에 참여하였거나 동조하였던 많은 시민의 강력한 외침에, 심지어 여당 국회의원들 상당수까지 탄핵소추에 찬성하였고, 헌법재판소는 전원일치로 탄핵결정(2017. 3. 10. 2019헌나1)에 이르렀던 것이다.

이러한 결과에 대해서 박근혜 대통령과 그 지지자들로서는 억울한 면이 적지 않을 것이다. 과연 그 전 정권에 비하여 탄핵까지 당할 정도로 잘못하였는지, 의문일 것이다. 그런데 헌법재판소의 판단은 박근혜 대통령이 헌법과 법률상 잘못한 것이 있으며, 그것은 무엇보다도 헌법을 위반하였다는 것이다. 헌법재판소가 판시한 그 점을 이해하고 수긍하여야 할 것이다. 그렇지 않으면, 당시 탄핵을 지지한 많은 국민의 진정성을 부인하는 것이 된다. 촛불집회는 과거 '광우병 집회'와 같은 진보좌파의 부당한 선전 선동과는 차이가 있었다.

한편 국회와 헌법재판 시스템 자체가 지금처럼 불신을 받았던 것은 아니었다. 문제는 탄핵결정의 파급효과로 진보좌파의 문재인 정부가 들어서서 대한민국의 자유민주주의 체제가 위태롭게 되어갔다는 것이다. 탄핵결정의 반사적 이익으로 집권한 문재인 정부가 촛불집회와 탄핵의 취지를 제대로 이해하지 못하고, 검찰과 안기부의 수사권한을 축소하고, 잘못된 경제정책을 강행하는 등 국가권력을 남용하고 자유민주주의를 훼손하며, 심지어 대한민국의 사회주의화까지 시도한 것이 문제인 것이다.

탄핵소추 당시 국회의원 재적 2/3 이상이 동의하였다. 2016. 12. 8. 바른미래당 국회의원들과 한나라당의 일부 국회의원들이 동의하였기 때문에 2/3를 초과한 인원으로 탄핵소추가 가능하였다. 헌법재판소의 탄핵결정을 비난하는 사람들은 위 의원들도 배신자 취급을 하고 있으나 그것은 타당하지 않다. 탄핵결정은 박근혜 대통령의 뇌물수수 여부와 상관이 없고, 최순실을 통한 국정농단과 대기업들에 대한 기업경영의 자유 침해와 권력남용으로 인한 것이었다. 보수우파가 특히 수호하여야 할 자유민주주의 경제질서에 위배된 대통령의 권한남용 행위를 용납할 수는 없는 것이었다. 수많은 국민이 대통령 탄핵을 요구하는 상황에서 대의기관인 국회의원들이 당리당략을 떠나 국민들의 의지를 반영한 것이었다.

한편, 탄핵소추가 된 직후에 헌법재판소로 사건이 접수되어 처음 2개월간은 탄핵반대 세력이 드세지 않았다. 관련 형사기록이 방대하였지만 어차피 뇌물 등 형사사건과 징계절차에 유사한 탄핵절차와는 무관하므로, 헌법재판소로서는 그러한 형사사건을 제외한 소추사유에서 법위배가 있는지 그것이 파면될 정도로 중대한 것인지를 판단하면 되었다. 그런데 심리 개시 후 2개월째부터 피청구인의 대리인들이 보강되면서, 그들이 주축이 되어 탄핵소추가 원천 무효이고, 헌법재판관 9인이 반드시 심리·결정을 하지 않으면 위법이라고 주장하면서, 방대한 증인신청을 추가하였고, 이를 재판부가 상당수 받아들여 심리가 3개월로 접어들었다. 그 사이에 탄핵 반대를 외치는 국민들 상당수가 규합되어 그 세력을 급격히 확대되었다.

만일 심리가 노무현 대통령 탄핵사건 때처럼, 2개월 만에 종료되었다면 탄핵반대 세력이 확대되지 않았을 것으로 보이고, 탄핵결정 후에는 탄핵소추에 캐스팅 보트를 했던 바른미래당 국회의원들과 자유한국당 일부 의원들이 중심이 되어 국민적 지지를 받는 새로운 정치세력이 형성되었을 것으로 보이는

데, 그렇지 못하게 된 것이 아쉬운 측면이 있다.

다. 탄핵의 사회적 원인: 지도자의 '사익 추구'

탄핵의 원인에는 규범적인 것뿐만 아니라 사회적인 것이 있는데 여기서는 사익 추구 문제를 언급하기로 한다.[8]

 인간은 불완전하지만, 한편 부조리한 인간사회의 현실에서, 보다 높은 정신적, 윤리적, 사상적, 예술적 혹은 종교적 이상을 갈망한다. 인간의 이성과 의지는 당위(當爲)를 설정하고 이를 향하여 부족한 현실을 끌어올리고자 한다. '헌법'(the Constitution)으로 상징되는 국가의 최고의 당위(규범) 체계는 인간의 그러한 숭고한 갈망을 드러낸다. 가장 중요한 가치와 국가질서의 구성이 헌법에 담겨진다. 이는 불멸의 삶은 불가능하지만, 가능의 영역을 남김없이 다 살려고 노력하는 인간성과 휴머니즘의 산물이다.
 헌법은 정치적 공동체의 질서를, ① 인간의 존엄성과 행복이라는 공공선(公共善)을 목적으로 하고, ② 권력의 주체를 평등한 개인 모두로 하며, ③ 국민으로부터 권력을 위임받은 정부의 권한을 한정하고 통제하는 것이다.
 아리스토텔레스가 설명한 '정치'(Politics) 개념에 대해서 볼 필요가 있다. 그의 『정치학』(Politics)에서 보면, '정치적인 것'이란 "공동체, 시민에 관계된 것들, 정부에 관한 것"을 의미한다. 사전을 보면, 영어 'political'은 라틴어의 politicus에서 나왔는데, 이는 "시민 혹은 국가에 관한"이란 뜻이다.

---

8) 이명웅, '인간과 정치적 공동체: 대통령 탄핵을 통한 주인의식의 회복,' 현상과인식 제41권 3호(2017.9) 통권 132호 참조.

인간은 스스로 자립할 수 없는 동물이므로 서로 모여 상부상조하며 살아가는 '정치적 동물'의 속성을 갖게 된다. 따라서 국가(state)는 공동체 중 가장 큰 것이고, 국가가 지향하는 목적은, 개인들의 개별적 이해관계를 넘어서는 공공선(common good, 공익)을 지향하는 것이다. 그는 다음과 같이 말한다.

"모든 국가는 어떤 종류의 공동체이며, 모든 공동체는 어떤 좋은 것(good)을 위하여 존재한다. 왜냐하면 인간들은 항상 그들이 생각하는 좋은 것을 얻으려고 행동하기 때문입니다. 그러나 만일 모든 공동체가 어떤 좋은 것을 추구한다면, 가장 높은 단계로서 다른 모든 공동체를 포섭하는 공동체인 국가 혹은 정치적 공동체는 가장 크고 높은 이익을 추구한다."9)

이러한 전제 하에 그는 다음과 같이 정의(正義)에 대하여 말한다.

"모든 과학과 예술에 있어서 최종 목적은 선(善: a good)인데, 이는 가장 높은 단계의 선이며 가장 권위적인 선이다 - 최고의 선은 정의(justice)이며, 다른 말로, 공익(common interest)을 의미하며, 이것이 정치학(political science)이다. … 정의는 국가 내에서 사람들을 결합시키는 것인데, 왜냐하면 무엇이 정당한가 하는 것을 결정하는 정의의 집행이 정치적 사회에서 질서의 원칙이기 때문이다."10)

---

9) Aristotle, *POLITICA (Politics)*, in THE BASIC WORKS OF ARISTOTLE 1127 (Book I, Part I) (Richard McKeon eds., 2001).
10) 같은 책, 1130쪽 (Book I, Part II), 1192쪽 (Book III, Part XII).

이러한 공동체의 질서는 고도의 당위 규범이라는 구성원들의 약속을 의지를 필요로 한다. 최고법규인 헌법을 통하여 그 가치질서에 의해서 지배되는 통일체를 형성하는 것이다(헌재 1989. 7. 21. 89헌마38).

> "헌법은 국민적 합의에 의해 제정된 국민생활의 최고 도덕규범이며 정치생활의 가치규범으로서 정치와 사회질서의 지침을 제공하고 있기 때문에 민주사회에서는 헌법의 규범을 준수하고 그 권위를 보존하는 것을 기본으로 한다." (헌재 1989. 9. 8. 88헌가6)

국가의 지도자의 가장 중요한 덕목은 '공동체의 구성 목적' 즉, '국민의 공공복리'를 추구하는 것이다. 달리 말하면 지도자는 공직을 이용하여 '사익을 추구'해서는 안 된다. 그가 공직을 사익추구의 도구로 사용하는 순간, 국가의 존재 목적이 훼손된다. 이는 중대한 헌법위반이다.

헌법재판소는 탄핵결정에서 박근혜 대통령이 "최서원의 국정 개입을 허용하고 국민으로부터 위임받은 권한을 남용하여 최서원 등의 사익 추구를 도와주는 한편 이러한 사실을 철저히 은폐한 것은, 대의민주제의 원리와 법치주의의 정신을 훼손한 행위로서 대통령으로서의 공익실현의무를 중대하게 위반한 것"이라고 보았다. 대통령이 특정인의 사익을 추구한다면 이는 자신의 사익을 추구하는 것과 마찬가지로 국가라는 공동체의 근본 목적인 공공선을 저해하는 것이다.

더구나 대통령의 수족과 같은 청와대 비서관들과 대통령이 임명한 장·차관 등 공무원들이 그러한 사익 추구에 동원된 정황은 매우 심각한 문제를 파생시킨다. 청와대에서 안종범 경제수석비서관, 정호성 비서관, 김기춘 비서실장, 김상률 교육문화수석비서관, 문화체육부에서 김종덕 장관, 김 종 차관 등이 최순실 등의 사익 추구에 동원되어 형사처벌까지 받았다. 이는 공직을 오염시키고 공직을 국민 공통의 이익이 아니라 특정 사익을 위하여 동원한 것이므로 죄질이 매우 나쁜 것이었다.

5. 결론

　본래 육체적, 정신적, 심리적으로 불완전한 인간은 끊임없이 확실성을 추구하며, 때로는 그 판단이 부족한 상태에서도 무조건 특정 사항을 확정적으로 편향시켜 지지하거나 행동의 기준으로 삼는 '종결욕구'의 경향이 있다(아리 크루글린스키 저, 정미나 역, 『불확실한 걸 못 견디는 사람들』).
　보수우파나 진보좌파 이념에 경도된 사람들 역시 자신들이 믿는 이념적 토대가 불완전하고 온전하지 못한 것이 아닌지 돌이켜보아야 한다. 어쨌든 우리의 이념적 기준은 밤 바다를 항해하는 선박이 기준으로 삼는 항해도(航海圖)나 등대와 같이 헌법(the Constitution)이 되어야 한다. 헌법은 국가를 조직하고 자유와 권리를 보장하는 로고스(logos)이다.
　2차대전 후 일제 식민지로부터 해방된 대한민국은 자유민주 진영을 선택했으며, 6.25전쟁까지 겪으면서 반공과 좌파세력에 대한 적개심이 커졌다. 오늘날 진보좌파는 원래의 사회주의 이념의 색채가 상당히 탈색되었지만, 뿌리 속에는 자본주의에 대한 적대감, 자본가에 대한 증오감, 부자들에 대한 시기심이 존재한다. 그런데 '정치적 자유주의'는 어느 한 계층에 대한 증오와 적대감으로 달성될 수 없다. 그것은 '적과 동지' 식의 '만인에 대한 만인의 투쟁'에 다름 아니며 하나의 공동체라고 할 수 없다. 우열 관계를 은폐한 비민주적인 동거일 뿐이다. 과거 18세기에 자유주의자들이 유산계층의 선거권을 지지하고, 대중의 선거권 부여를 반대하였을 때, 그들은 자신들의 안위와 재산에 치중하여 대중을 정치에서 격리시키려 했던 잘못이 있었다(에드먼드 포셋 저, 신재성 역, 『자유주의』). 오늘날 자유주의는 민주주의와 보통선거제도를 받아들인 보편적 자유주의이며, 민주주의는 대중의 뜻으로 모든 것을 할 수 있는 '다수의 지배'가 아니라 자유와 인권을 존중하고 소수자를 보호하는 자유민주주의이다. 그리하여 가장 중요한 '자유'의 정신이 보존되는 것이다. 그것이 대한민국의 정체성이고, 북한, 중국, 러시아와 다른 이념적 우월성이다. 또 그것이 과도한 복지정책으로 경제적 어려움을 겪고 있는 서유럽 국가보다도 앞서가는 자유 대한민국의 정신이 될 것이다.

그런데 근대 서구문명에 영감을 불어넣고 서구문명의 성취를 가능하게 했던 '자유'의 이상이 점점더 무시와 망각 속으로 빠져들어서는 안 된다. 여하한 반대자들의 교조적 이념에 대항하여 내세울 만한 단단한 자유민주주의의 원리를 가져야 한다. 이에 대한 국건한 신념의 결여는 이미 성취한 것을 경시하면서 '더 나은 세상'에 대한 장밋빛 창조에만 관심을 보여서는 안 된다. 우리가 무엇을 신봉하고 있고, 우리가 수호하여야 할 것이 무엇인지, 공동의 이상 아래서 결집되는 능력을 지녀야 한다.

오늘날 서구에서 한 때 문명의 성장에 필요한 힘들을 모두 활용하게 하였고 급속한 성장을 가능하게 했던 '자유에 대한 믿음'이 점차 포기되고 있다. 우리는 어떻게 인류 문명이 발전되었는가 그 바탕을 이해하지 않고, 그러한 발전이 초래한 현실적 불만에 대한 대안의 꿈만을 배우고 있어서는 안 된다. "자유로운 진화의 필요조건, 즉 개인 주도의 정신이 결여되어 있다면, 그 정신 없이는 어디에서도 그럴듯한 문명이 성장할 수 없다."(Hayek, 『The Constitution of Liberty』).

자유는 단순한 특정 가치가 아니라 그것은 모든 도덕적 가치의 원천이자 조건이다. 대한민국에서 자유민주주의가 본격적으로 꽃을 피우기도 전에 진보좌파 이념에 점령당해서는 안 된다. 그들은 보수우파에 대한 훌륭한 비판자이지만 그들이 국정을 주도할 능력은 미흡하다. 왜냐하면 본질적으로 진보좌파는 투쟁적, 반항적 이데올로기이지, 생산적이고 국가 경영에 대한 이데올로기가 아니기 때문이다. 러시아 혁명이나 중국 공산혁명이 초래한 끔찍한 인권침해와 숙청을 보라. 그것은 본래 정의롭고 도덕적인 인간의 욕구가 한 나라의 정치체제와 국가경영에서 얼마나 취약하게 변질되는 지를 보여준다(양호민 등, 『공산주의 비판』).

우리 사회에서 점차 '자유'의 정신이 실종되고 있다. 사회정책에서 '평등과 공정'을 강조한 나머지 보수우파나 진보좌파 정부 모두 국가의 적극적인 개입에 취해 있다. 대학이든 문화예술계이든 시민단체든 거의 모든 사회적 영역에서 국가의 지원과 규제의 영향력에 과도하게 노출되어 있다. 국민 한 사람당 25만씩 주겠다는 공약이 대통령후보의 선거운동에까지 등장한다. 그 5조원의 돈은 누가가 마련한 것인가? 대한민국은 빚은 얼마인가? 국민이 피땀흘려 낸 세금이 정치인의 공직 당선 선심용인가? 이는 자유주의 이념에서 크게 벗어나는 부당한 행태이다. 어떤 정책도 헌법의 정신과 궤도를 벗어나서는 아니된다. 헌법에서 25만원씩 주지 말라고 규정했느냐는 식이 되어서는 안된다. 중요한 것은 살얼음이 덮힌 개천을 건너듯(豫兮若冬涉川 - 『도덕경』 15장) 한 섬세한 균형이다.

사실 헌법 역시 동양의 '중용'(中庸)의 정신을 요구한다. 권력의 행사는 섬세하고 자제하여 행사되는 것이 필요하다. 다스리지 않는 듯 다스리는 것이 동양 고전의 지혜이다. 더불어민주당이 국회에서 다수라고 해서 30차례 공직자 탄핵소추나 대통령 판공비를 0원으로 만드는 결정을 감행하는 것은 권한의 남용이다. 헌법재판소가 위헌결정권을 가지고 있다고 해서 함부로 국회 입법을 위헌으로 선언하면 국회는 용인하겠는가. 계기판에 180키로까지 나와 있다고 시속 180키로로 계속 달리면 자동차가 견딜 수 있겠나.

헌법상의 중용은 진보좌파에만 해당되는 것이 아니다. 최근의 의료인 증원을 둘러싼 의료대란 사태를 보자. 자유민주주의 국가에서 국가가 나서서 의대정원을 특정 숫자로 확대하고, 이로써 대학의 자치와 민간의 자율성을 통제하려는 시도는 부당하다. 그것은 국가가 개입하기 어려운 자유의 영역에 두어야 하며, 국가는 단지 간접적인 지원이나 인센티브를 통하여, 의료 인프라의 확대를 통하여 정책을 행할 사항이다. 보수우파 정부에서 그러한 '계획경제'적인 의료인양성 시스템에 대한 개입은, 그 개입이 초래할 부작용과 그로 인하여 침해되는 환자의 피해, 더구나 사적 자치와 민간과 대학의 자율성 훼손이라는 역효과를 고려했어야 한다. 전공의 등 의사나 의대생들의 극심한 반대를 예측할 수 없었다는 것은 좋은 변명이 아니다.

애초에, 그러한 의료정책에 대한 강한 반발의 배경에는 강제적인 '건강보험제도'가 자리잡고 있는 것이다. 우리가 채택하여 국민에게 편리하고 자랑할만한 의료시스템은 환자와 일반 국민에게는 매우 유용하지만, 이로 인하여 제약되는 의료인들의 경제적 희생은 매우 크다. 그러한 건강보험 시스템을 작동시키기 위한 팽배한 관료주의에 의사들은 적나라하게 노출되어 있다. 그런 배경과 상황이 작동하여, 의료인들이 정부의 일방적인 의대정원 문제에 크게 반발하게 된 것으로 보인다. 차제에 의사들의 자유와 권익을 고려한 건강보험 시스템 개선이 필요하다고 본다.

국가의 역할은 개인의 자유와 창의를 돋구는 것이어야 하며, 사회적 인프라와 외교 국방 치안에 매진하는 것이어야 한다. 복지는 선별적인 것이어야 하고, 전 국민을 상대롤 한 보편적 복지는 자유민주주의에 전혀 어울리지 않는 제도이다. 그것은 납세자의 '동의없는 대표' 문제를 야기하며, 국가의 역할과 기능을 크게 변화시키고, 무엇보다도 민간을 국가의 혜택에 고개를 들어 쳐다보게 하여 민간의 자생력과 생존력을 떨어뜨리게 된다. 여기에 포퓰리즘과 민주주의에서 참으로 어려운 선거제도 문제까지 가세하면, 우중 민주주의의 폐해는 심각할 것이다. 능력이 부족하고 대중선동에 능한 당선자들이 자신들의 사익과 공천을 공익보다 우선하게 될 것이다. 온갖 정경유착과 권언유착, 정치적 비리가 확산될 것이고, 악화가 양화를 구축하게 되고, 점점 더 정치는 탐욕스런 자들의 장터가 되고 말 것이다. 이로 인해 국가의 명운이 밝아지기가 어렵다.

오늘날 과도한 복지와 정부의 지나친 경제개입은 베네주엘라뿐 아니라 영국병, 최근에는 스웨덴과 독일까지 위협하고, 극우파가 득세하고 자유민주주의를 위협하고 있다. 미국도 마찬가지이다. 한 때 자유진영의 경찰 역할을 자임했던 현대 입헌주의 헌법의 창설자는 포퓰리즘 정치인들에 의하여 대외적 위신과 정체성을 점점 상실해가고 있다. 세계적인 보복 무역의 강화로 자유로운 시장질서가 급속히 와해되고 있다.

이러한 국제정세에서 전통적으로 한미군사협정과 미국과 무역관계에 의존해 온 우리나라로서는 현 시점이 매우 엄중하다. 차제에 중국과 러시아에 개방적인 외교가 필요하다는 견해도 많다. 그러나 먼저 우리는 '자유민주주의의 최강국'으로 남아 있어야 한다. 그런 명확한 위상으로 무역과 외교에서 정체성과 자긍심을 발휘할 수 있을 것이다.

과거 우리 선조들이 중국에서도 부러워할 유학의 정체성을 갖추고, 이를 바탕으로 실학의 정신을 주창한 것처럼, 지금은 우리나라가 자유민주주의의 본래적 정체성을 보유해 전 세계에서 굳건한 자유민주 진영의 상징으로 남아야 할 것이다.

그런데 현재는 점점 확대되는 진보좌파 이념과 더불어민주당의 무소불위의 전체주의식 정치를 경계해야 하는 어려움에 처해 있다. 아무쪼록 더불어민주당이 자유민주주의의 이념적 좌표 내에서 중용과 자제를 하면서 권력을 행사하기 바란다.

윤석열 대통령의 계엄선포는 명백히 자유민주주의를 위한 동기를 지니고 있으나, 그러한 극단적 조치를 행하게 된 배경과 여당까지 일부 가세하여 탄핵소추가 된 것은, 그만큼 자유민주주의가 약화되어 있다는 반증이다. 그렇다고 윤 대통령이 그동안 정치적 유능함을 보여줘 왔던 것도 아니다. 자유민주주의 수호를 외쳤지만, 과연 의료정책 등에서, 의회주의의 정신에서 그리고 공직자 임면에 있어서 헌법적 '중용'의 정신을 실천해 왔는지 의문이다.

자유민주주의는 계몽주의, 과학혁명을 거쳐 인류 역사가 발전시켜 온 가장 중요한 정치이념이며, 그것은 인간의 존엄성에 가치를 두고 자유를 중시하므로, 문명의 시계를 거슬러 갈 수 없는 진전된 이념이다. 자유의 가치를 늘 강조하고, 이를 뒷받침하는 튼튼한 법치주의와 적법절차, 그리고 시장의 '공정한' 경쟁질서에 바탕을 둔 국가의 운영이 필요하다. 그것이 우리의 자랑스러운 자유민주주의의 유산이 될 것이다.

윤 대통령의 탄핵사건의 결론이 어떻던 간에, 이번 사건은 국민들에게 자유민주주의를 지킬 필요성과 진보좌파의 문제점에 대하여 충분히 국민에게 경각심을 일으키는 계기가 되었다. 보수우파와 진보좌파 이념의 최종 승자는 자유민주주의를 '올바로' 지키는 보수우파가 되어야 하고, 필자는 그렇게 될 것으로 믿는다.

보수와 진보의 이념대립, 승자는
- 대통령 탄핵을 중심으로-

2025년 3월 6일	초 판	제1쇄 인쇄
2025년 3월 8일	초 판	제1쇄 발행

저 자 이명웅
발행인 이 수 강

| 저자와 협 |
| 의로 인지 |
| 첩부 생략 |

발행처 **강홍북스** (江弘 Books)
　　　　서울 서초구 반포대로9길 86, 401(서초동)
　　　　전화 010-2467-3529　　팩스 0504-007-3529
　　　　이메일 conlawlee@gmail.com
　　　　신 고 2025년 2월 25일 제2025-000041호

본서의 무단복제를 금합니다.
정 가 12,000원　　　　ISBN 979-11-991780-0-7